काग़ज़ की नाव

[उपन्यास]

काग़ज़ की नाव

कृश्न चन्दर

राजकमल प्रकाशन

ISBN : 978-81-267-0741-6

मूल्य : ₹495

पहला संस्करण : 1966
आठवाँ संस्करण : 2024

प्रकाशक : राजकमल प्रकाशन प्रा.लि.
1-बी, नेताजी सुभाष मार्ग, दरियागंज
नई दिल्ली-110 002
शाखाएँ : अशोक राजपथ, साइंस कॉलेज के सामने, पटना-800 006
पहली मंजिल, दरबारी बिल्डिंग, महात्मा गांधी मार्ग, प्रयागराज-211 001
1, अनमोल सोराबजी संतुक लेन, धोबी तलाव, मरीन लाइंस, मुम्बई-400 002
वेबसाइट : www.rajkamalprakashan.com
ई-मेल : info@rajkamalprakashan.com

मुद्रक : विकास कंप्यूटर एंड प्रिंटर्स
ट्रॉनिका सिटी-201 102

KAGAZ KI NAAV
Novel by Krishan Chandar

भूमिका

मैं 8 नवम्बर, 1948 को पैदा हुआ, मेरी जन्मभूमि नासिक है, लेकिन मुझे वहाँ रहने का बहुत कम अवसर मिला है, मैं एक आवारागर्द सैलानी हूँ, गाँव-गाँव, शहर-शहर में घूमता हूँ और सदा चक्कर में रहता हूँ।

जहाँ जाता हूँ लोग मुझे हाथों-हाथ लेते हैं, और मुखरित चेहरे से मेरा स्वागत करते हैं। इस दुनिया में मेरा कोई दुश्मन नहीं है, सब मेरे दोस्त हैं, सब मुझे दिल से चाहते हैं।

मैंने अपने छोटे-से जीवन में बहुत-कुछ देखा है, सीखा है, खोया है, लेकिन अपने जीवन के बहुतेरे अनुभवों के बावजूद एक बात मैं बेखटके कह सकता हूँ कि अपनी छोटी-सी ज़िन्दगी में मैंने जो ख्याति और लोकप्रियता प्राप्त कर ली है वह बहुत कम लोगों को मिलती है। आज तक किसी बड़े-से-बड़े राजनेता, समाज-सुधारक या फिल्म स्टार को भी वह प्रसिद्धि और लोकप्रियता नहीं मिली जो मुझे मिल चुकी है। भारत का बच्चा-बच्चा मुझे जानता है, पहचानता है और सम्मान करता है।

मैं दस रुपये का नोट हूँ।

1

तुलसीबाई के होंठ भय से पीले पड़ गए थे और उसकी आवाज में सूखे पत्तों का कम्पन था। यह सोच-सोचकर उसकी आँखों के आगे अँधेरा छा रहा था कि अगर आयशा बी ने भी इनकार कर दिया तो क्या होगा? फिर वह क्या करेगी? किसके पास जाएगी? इसलिए तुलसीबाई ने हाथ जोड़कर, गिड़गिड़ाते हुए आयशा बी से कहा—बाई! मेरी तानी दस रोज से बीमार है, उसका ताप टूटता ही नहीं, दस रुपये उधार दे दो, पगार में से काट लेना।

आयशा ने 'न' तो नहीं की, पर बोली—तेरी पगार इक्कीस रुपये है न? और तू मुझसे नौ रुपये उधार ले चुकी है अब तक इसी महीने में? है न?

तुलसी ने सिर हिलाकार कहा—हाँ!

—अच्छा! अब दस और ले लेगी, तो हो जाएँगे उन्नीस। ठीक!

ठीक—तुलसी ने बढ़ती हुई मायूसी से कहा।

—तो गोया महीना खत्म होने के बाद तुझे इक्कीस की बजाय केवल दो रुपये मिलेंगे, क्योंकि तू उन्नीस ले चुकी होगी। सिर्फ दो रुपये, अब तू अच्छी तरह से सोच ले, फिर उधार माँग।

तुलसीबाई ने सोचा, आज तो मुझे अपनी बेटी की दवा-दारू के लिए रुपयों की जरूरत है। महीना खत्म होने के बाद फिर जरूरत होगी,

तब मैं क्या करूँगी। यह मैं नहीं जानती। आगे भी अँधेरा है और इस समय भी अँधेरा है पर मुसीबत की यह घड़ी तो टल जाए। किसी तरह मेरी तानी अच्छी हो जाए, आगे मैं देख लूँगी। मगर आगे भी क्या देखूँगी? आयशा बी ठीक ही तो कहती हैं, मगर ठीक कहने से क्या यह मुसीबत टल सकती है?

आज दस रुपये तो लेने होंगे, इसलिए आज की कठिनाई और आने वाली कठिनाई, दोनों के बीच सन्तुलन की चेष्टा करते हुए तुलसी ने बड़ी नम्रता से कहा—तो मालकिन, थोड़ा-थोड़ा करके चार-पाँच महीने में काट लेना। तुलसी मेहनत करने वाली खुद्दार औरत थी। इस तरह माँगते उसे लज्जा भी आ रही थी, और अपने-आप पर क्रोध भी। आयशा पर भी उसे क्रोध आ रहा था—वह समझती क्यों नहीं कि उसकी जरूरत क्या है? आयशा के बटुए में हमेशा नोट भरे रहते हैं और दिन-रात काम करने के बाद भी तुलसी की जेब हमेशा खाली क्यों रहती है? हे राम! माँगना कितना मुश्किल काम है? जी चाहता है गला घोंट दूँ किसी का। अपने क्रोध को दबाते-दबाते तुलसीबाई की आँख में आँसू छलक आए। घुटे हुए दुःख और क्रोध के कडुए-आँसू थे। उन्हें देखकर आयशा का दिल पिघलने लगा—बाई अच्छी औरत है, रोज-रोज तो माँगती नहीं, जरूर इसकी बेटी बीमार है। वैसे आजकल दुनिया में किसी का कुछ पता नहीं चलता कि कब कोई सच बोल रहा है और कब झूठ; पर दस रुपये दे देने से क्या हर्ज है, तीन महीने में काट लूँगी।

उधर तुलसीबाई हाथ जोड़े विवश स्वर में कह रही थी—मैं न माँगती, पर मेरा घर वाला तुम जानती हो तीन दिन से काम पर नहीं गया, शराब पीकर धत्त पड़ा है, जागता है तो और शराब माँगता है, या मस्ती में आकर मुझे मारने लगता है, यह देखो।—तुलसीबाई अपने जिस्म पर पड़े नील दिखाने लगी—अब उसे मैं क्या करूँ?

तुलसीबाई ने अपनी साड़ी के पल्लू से अपने आँसू पोंछ लिए।

आयशा बी ने अपने बटुए में हाथ डालकर कुछ निकाला और

तुलसीबाई के हवाले करते हुए कहा—ये लो दस रुपये, तीन महीने में काट लूँगी।

अच्छा कहकर तुलसीबाई वहाँ से भागी। घर से निकलकर बाहर सड़क पर आ गई। मुझे ध्यान से देखा, जैसे उसे अपनी आँखों पर यकीन न हो। उसकी काँपती हुई उँगलियाँ मुझे इस तरह टटोल रही थीं जैसे माँ प्यार से अपने बच्चे का बदन टटोलती है। सहसा उसने मुझे अपने गले से लगा लिया, अपने माथे से लगा लिया; जैसे मैं दस का नोट नहीं हूँ, तानी का जीवन हूँ, तुलसी की ममता की अन्तिम आशा हूँ। फिर वह सड़क पार करती हुई सामने के झोंपड़ों की तरफ दौड़ने लगी, क्योंकि दवा का नुस्खा तानी के बिस्तर के नीचे पड़ा था।

उसका झोंपड़ा छह फुट लम्बा और पाँच फुट चौड़ा और चार फुट ऊँचा था। उसमें बहुत झुककर अन्दर जाना पड़ता था। मगर अन्दर जाने से पहले तुलसी ने मुझे तह करके अपनी चोली में छुपा लिया, फिर घुटनों तक झुककर वह अपने झोंपड़े में दाखिल हुई। उसी समय उसका घर वाला घड़े से पानी निकालकर मिट्टी के कटोरे में पानी पी रहा था। एक कोने में तानी बुखार में फुँक रही थी। तुलसी ने घबराकर अपनी बेटी के पिण्डे को हाथ लगाया, फिर एकदम हाथ खींच लिया। तवे की तरह तप रही थी तानी, आँखें ऊपर को चढ़ गई थीं। घबराकर उसने अपने सीने पर दोहत्तड़ मारा और बोली—ऐ! खाखरे, तीन दिन से शराब में धुत्त पड़े हो और लड़की का ये हाल हो गया। तुम्हें घर की फिकर क्यों नहीं होती?

खाखरे ने मिट्टी का कटोरा घड़े पर उल्टा रख दिया, फिर घुटने के बल चलते हुए लड़की के पास आया। देर तक उसके सिर और पिण्डे पर हाथ फेरता रहा। देर तक सोचता रहा। उसकी आँखें शर्म से झुक गईं। नर्मी से बोला—ठेकेदार से जाकर 'अडवांस' माँगता हूँ।

ठेकेदार से जाकर 'अडवांस' माँगता हूँ—तुलसी खाखरे को मुँह चिढ़ाते हुए गुस्से से बोली।

तीस रुपये पहले ही 'अडवांस' ले चुके हो, अब वो तुम्हें क्यों

देगा? तुम यहीं बैठो, बच्ची को देखो, मैं कहीं से बन्दोबस्त करके दवा लाती हूँ।—इतना कहकर तुलसी ने तानी के बिस्तर के नीचे से दवा का नुस्खा निकाला। खाखरे ने तुलसी को शुबहे की नजर से देखा। घुटनों से चलता-चलता तुलसी के पास पहुँचा और बोला—बन्दोबस्त कर लिया है या करने जा रही हो? कहाँ से किया?

तुलसी कुछ घबराकर बोली—तीन घरों में झाड़-भारू का काम करती हूँ, किसी-न-किसी के दिल में दया आ जाएगी। रो-पीटकर दस रुपये तो मिल ही जाएँगे।

मिल जाएँगे नहीं, तुम दस रुपये लेकर आई हो।—खाखरे ने उसकी आँखों में आँखें डालकर कहा। तुलसी की निगाहें नीची हो गईं। सहसा उसका हाथ उसकी चोली पर गया। उसी दम खाखरे का हाथ तुलसी के हाथ पर गया। तुलसी चीखी—मुझे हाथ मत लगाओ।

खाखरे को टोट लग रही थी। उसके गले में काँटे-से चुभ रहे थे। दो कटोरे पानी पीकर भी उसकी प्यास नहीं बुझी थी। लालसा-भरी आँखों में शराब की बोतल डोलने लगी। बड़ी मुश्किल से उसने अपने अन्दर की इच्छा को छिपाते हुए बड़ी नरमी से कहा—रुपये मुझे दे दे, मैं तानी के लिए दवा लेकर आता हूँ।

—मेरे पास नहीं हैं। गंगा माई की कसम।

—झूठ, मत बोल, इधर निकाल पैसे।

—नहीं, मैं नहीं दूँगी।

—कैसे नहीं दोगी?

तुलसी ने अपने दोनों हाथ अपनी चोली पर रख लिए थे। खाखरे ने बड़ी कठोरता से तुलसी के दोनों हाथ झटक दिए, तुलसी ने फिर अपनी चोली से लगा लिए। वह जोर-जोर से हाँफ रही थी। कभी किसी तरह ये दस रुपये नहीं देगी। तुलसी और खाखरे में लड़ाई होने लगी। सहसा तानी आँखें खोलकर अपने माँ-बाप को लड़ते हुए देखकर चीखने लगी। खाखरे एक वहशी जानवर की तरह तुलसी पर झपट पड़ा। तुलसी अपने शरीर का सारा जोर लगाकर उससे लड़ रही थी। पर

खाखरे ने उसकी चोली को फाड़ ही दिया। नंगी छाती में मुझे दबा हुआ देखकर खुशी की एक चीख खाखरे के मुँह से निकल गई। खुशी की यह चीख नंगी छातियों को देखकर नहीं निकली थी, उसके अन्दर दबे कागज के पुर्जे को देखकर निकली थी। उसने झपट्टा मारकर मुझे वहाँ से उठा लिया और झोंपड़े से बाहर निकल गया।

झोंपड़ों को फलाँगता, दलदल पार करता, सड़क पर दौड़ता खाखरे गुस्से में भरा सोचने लगा—मुझे क्या समझती है तुलसी? मैं इतना नीच, निर्लज्ज और पापी हूँ कि अपनी बेटी की दवा के पैसों से शराब पी जाऊँगा? मैं यहाँ से सीधा हरिदास केमिस्ट के स्टोर में जाकर तानी के लिए दवा लूँगा। जितने की भी दवा आए, दस की आए कि पाँच की आए, कि आठ की आए, मैं दवा लेकर और बाकी पैसे मुट्ठी में दाब के सीधे घर जाऊँगा और तुलसी के मुँह पर मार दूँगा। ये औरतें समझती ही नहीं है कि मर्द क्यों पीते हैं? अरे हम कोई क्या मजे की खातिर पीते हैं? दिन-भर बिल्डिंग में ईंट-पत्थर-गारा-चूना-सीमेंट ढोते-ढोते जब बदन का पलस्तर उखड़ने लगता है तो दो घूँट पीते हैं। दिन-भर की मेहनत से कड़कड़ाने वाली हड्डियों को फिर से जोड़ने के लिए, बन्द-बन्द और जोड़-जोड़ में उभरने वाली थकन को दूर करने की खातिर। चन्द घंटों के लिए अपनी काल-कोठरी में बेसुध होकर औंधे पड़ जाने की खातिर, केवल जिन्दा रहने के लिए—केवल दो रुपया रोज के लिए।

कुछ क्षणों के लिए खाखरे ढोंढू के जुआखाने के निकट से गुजरता हुआ रुक गया। उसने निगाहें उठाकर जुआखाने के दीमक-खाए दरवाजे की तरफ देखा, फिर आहिस्ता से अपने हाथ की मुट्ठी खोली। मुझे देखा, मुट्ठी और खोली। मुझे दोनों हाथों से पकड़कर मेरी तहों को खोला। मुझे उलट-पलटकर बड़े ध्यान से देखा। फिर मुस्कराकर और मुझे अपनी जेब में डालकर आगे चल दिया। नहीं—खाखरे ने अपने-आप से कहा—मैं ढोंढू के जुएखाने में नहीं जाऊँगा। मैं सीधे हरिदास केमिस्ट की दुकान पर जाऊँगा और अपनी बेटी के लिए दवा

लूँगा। तुलसी हैरान हो जाएगी मुझे दवा लाते देखकर, उसे विश्वास ही नहीं आएगा। वह समझती ही नहीं कि मैं भी एक इन्सान हूँ। एक बाप हूँ। दिल रखता हूँ। मगर आज मैं इस हरामजादी को दिखा दूँगा, समझती क्या है मुझे? किस-किस तरह नाखूनों से मुँह नोचा है उसने। आज दवा लेकर जाऊँगा तो साली से समझूँगा। ऐसी कड़ाके की मार दूँगा कि दस दिन तक बिस्तर से हिल नहीं सकेगी।

तुलसी को पीटने की स्वादिष्ट कल्पना से प्रभावित होकर वह ढोंढू के जुएखाने से बहुत आगे चला गया, फिर एक बार ठिठककर रुक गया।—आखिर दो घूँट पी लेने में हर्ज ही क्या है? दो बाजी खेल लेने में कितने पैसे खर्च हो जाएँगे? पाँच रुपये की दवा लाऊँगा, पाँच रुपये जुएखाने में खर्च कर दूँगा और तुलसी को पता भी नहीं चलेगा कि मैं दस रुपये की दवा लाया था या पाँच रुपये की। ये औरतें बड़ी मूरख होती हैं।—मगर तानी? ऊह। तानी बच जाएगी, क्या हुआ है उसे? बस बुखार ही तो है। पिछले साल उसे हैजा हुआ था तो वह बच गई थी। उससे पिछले साल उसे निमोनिया हुआ था, तब वह बच गई थी। उससे दो बरस पहले उसे चेचक निकली थी, तब वह बच गई थी। गरीबों के बच्चे इतनी आसानी से नहीं मरते, तानी जरूर बच जाएगी। पर नहीं, मुझे एकदम दवा लेकर वापस जाना चाहिए।—उसने एक कदम आगे बढ़ाया, फिर रुक गया। अच्छा पाँच नहीं खर्च करूँगा, सिर्फ तीन रुपये खर्च करूँगा। दो रुपये की दारू पीऊँगा और एक रुपये का जुआ खेलूँगा। दस रुपयों में सिर्फ तीन रुपये खर्च करूँगा। बहुत हुआ तो ऊपर से थैलामार्का बीड़ी का एक बंडल लूँगा। उसकी सूखी जुबान पर शराब का कड़ुआ स्वाद उभरने लगा और उसके नथुनों में बीड़ी का धुआँ चक्कर खाने लगा और उसके हाथों की अँगुलियाँ ताश के पत्तों को छूने के लिए उतावली होने लगीं। अब वह यूँ आगे चल रहा था जैसे उसके थके हुए पैरों में लोहे की वजनी बेड़ियाँ पड़ी हों। एकाएक वह चलते-चलते रुक गया। मुड़कर ढोंढू के जुएखाने की ओर देखने लगा। कुन्दरू और जुम्मा उसके दो साथी हँसते, बोलते-चालते,

जुएखाने में दाखिल हो रहे थे। दरवाजा खोलकर वे उसकी नजरों से ओझल हो गए। अब जुएखाने के अन्दर का वातावरण खाखरे की आँखों में फिरने लगा। उसके साथी एक ही मेज पर बैठकर शराब की बोतल का ऑर्डर कर रहे थे। अब बोतल उनके सामने थी। ताश के पत्ते हवा में रंगीन धनुष की तरह बिखरने लगे। इसके आगे सोचना खाखरे के लिए मुश्किल हो गया। वह जल्दी-जल्दी चलता हुआ जुएखाने के अन्दर घुस गया। अब उसकी आँखों में जुएखाने का जाना-पहचाना माहौल था। दोस्तों के ठट्ठे, तेल में भुनी हुई मछली की बू, ताश के फिसलते हुए लपकते हुए नरम-नरम पत्ते—यह दुनिया बाहर की दुनिया से कितनी अलग थी? जहाँ हर पल जान-तोड़ मेहनत करनी पड़ती है फिर भी मिलते हैं केवल दो रुपये।

रात के बढ़ते हुए अँधेरे में तुलसी ने उसे जुएखाने में जा पकड़ा। जब वह खाखरे की कुर्सी के पीछे जा खड़ी हुई तो एकाएक जुएखाने में सन्नाटा छा गया। वह ऐसी चुप थी, ऐसी ठण्डी और पत्थर सूरत लेकर आई थी कि उसे देखते ही सबकी आँखें झुक गईं। खाखरे के दोस्तों ने पत्ते फेंकना बन्द कर दिया।

पत्ता चलो—खाखरे ने शराब के गहरे नशे में बकारकर कुन्दरू से कहा। मगर फिर भी कुन्दरू ने पत्ता नहीं चला।

वह खाखरे के बिलकुल पीछे देख रहा था तो खाखरे भी उसकी निगाह का पीछा करते हुए अपनी कुर्सी पर बैठा-बैठा मुड़ गया। उसे तुलसी नजर आ गई।

यहाँ क्यों आई है? घर जा—खाखरे ने एकदम गुस्से में भड़ककर अपने दोनों हाथ झुलाते हुए तुलसी से कहा। हाथ झुलाते ही नशे में वह लुढ़ककर कुर्सी से नीचे गिर गया। किसी ने उसे उठाने की कोशिश नहीं की। तुलसी ने भी वहाँ खड़े-खड़े बड़े ठण्डे स्वर में कहा—घर चलो तानी मर गई है।

खाखरे का गिरा हुआ सिर फर्श से ऊपर उठा। उसकी फटी-फटी

आँखें तुलसी की तरफ देख रही थीं—क्या बकती है तू?

—सिर्फ यह कह रही हूँ कि तानी मर गई है। उठो, अब घर चलो।

खाखरे ने उठने की कोशिश की। उसके दोनों हाथों ने कुर्सी के दोनों पायों को जकड़ लिया था। वह उस कुर्सी के पाए के सहारे उठने की कोशिश कर रहा था कि फिर गिर गया। लेटे-लेटे उसने कुर्सी के पाए को दोनों हाथों से जकड़कर अपने सीने से लगा लिया और फूट-फूटकर रोने लगा।

—नहीं, तू झूठ बोलती है। तानी नहीं मर सकती। मेरी तानी नहीं मर सकती।

जुम्मा और कुन्दरू उसे सहारा देकर उठाने लगे। अब वह फर्श पर खड़ा लड़खड़ा रहा था। फिर तुलसी ने आगे बढ़कर उसे सहारा दिया। उसे जुएखाने से बाहर दरवाजे की ओर ले जाने लगी कि जुएखाने का मालिक ढोंढू आगे बढ़ा और बोला—साढ़े बारह रुपये देते जाओ। फिर उसने खाखरे के जवाब की प्रतीक्षा किए बगैर खाखरे की जेब टटोली और मुझे बाहर निकाल लिया। मुझे देखकर और पहचानकर बोला—हाँ, ये दस रुपये तो हैं, बाकी ढाई रुपये कर्जा रहा।

तुलसी कोई जवाब दिए बगैर सिसकते हुए खाखरे को जुएखाने से बाहर ले गई।

ढोंढू मुझे हाथ में लिए देर तक दरवाजे में खड़ा रहा। खाखरे एक बच्चे की तरह सिर झुकाये तुलसी के साथ अपने घर जा रहा था और मैं एक पापी की तरह ढोंढू के हाथों में काँप रहा था। जब ढोंढू दरवाजे से लौटकर अन्दर आया तो वे सब उसकी तरफ मौन निगाहों से देख रहे थे। सहसा ढोंढू क्रोध में भरकर बोला—तो मैं क्या करूँ? किस-किस पर तरस खाऊँ, यहाँ सब गरीब हैं।—वह गुस्से में चारों तरफ देखता हुआ सवाल करने लगा। फिर भी जब कोई नहीं बोला तो आप-ही-आप बोल पड़ा—मेरी मुसीबत कोई नहीं जानता। कैसे-कैसे जतन करके यह ठर्रा लाता हूँ और पुलिस वालों, कस्टम वालों और कार्पोरेशन वालों को रकम देकर जुआ खिलाता हूँ। मेरे पास बचता ही क्या है? मैं तरस

नहीं खा सकता। इतना कहकर ढोंढू ने काउण्टर का दराज खोलकर मुझे अन्दर डाल दिया। इतने में एक लड़का हाथ में थैला लेकर आया और काउण्टर पर झुककर कानाफूसी करने लगा।

—सेठ ने स्कॉच व्हिस्की की एक बोतल माँगी है।

—एक सौ अस्सी रुपये होंगे?—ढोंढू ने उसके कान में कहा।

लड़के ने सौ के दो नोट ढोंढू के सामने रखे। ढोंढू ने जल्दी से उन पर हाथ रख दिया और लड़के को इशारा करके दूसरे कमरे में ले गया। ब्लैक डॉग की एक बोतल निकालकर लड़के को दी। लड़के ने बोतल थैले में छिपा ली। वापस आकर ढोंढू ने काउण्टर की दराज खोलकर मुझे निकाला। दस का एक और नोट निकाला, बीस के दो नोट लेकर लड़का थैला उठाये बाहर चला गया। सेठ गोकुलदास के घर में दाखिल हुआ।

दूसरे दिन सेठ गोकुलदास ने कोई ग्यारह बजे बाद बिस्तर से उठ, रात का 'हैंगोवर' दूर करने के लिए हाथ नीचे करके पलंग के नीचे रखी ब्लैक डॉग की बोतल में बची-खुची व्हिस्की एक गिलास में उँड़ेल ली। सिगरेट के एक पैकेट की तरफ हाथ बढ़ाया, मगर पैकेट खाली था। फिर उसने पलंग से लगे हुए बिजली के बटन को दबाया, वही कल रात वाला नौकर सुबह का अखबार लेकर अन्दर आया। सेठ ने अपना बटुआ खोला जहाँ मैं दूसरे नोटों के साथ पड़ा सोता था। सेठ ने मुझे हाथ लगाया। फिर पाँच के नोट को हाथ लगाया। फिर दो रुपये का एक नोट निकालकर नौकर को देकर बोला—जाओ एक पैकेट गोल्ड फ्लैक लेकर आओ।

लड़का दो रुपये का नोट लेकर चला गया। बटुआ सेठ की गोद में खुला पड़ा था। सेठ ने व्हिस्की का एक घूँट पीते हुए अखबार खोला। पहले ही पृष्ठ पर सेठ गोकुलदास की तस्वीर थी, क्योंकि उसने कल ही एक लाख रुपये का चन्दा 'नेशनल डिफेंस फण्ड' में दिया था। तानी के मरने की कोई खबर नहीं थी।

2

इस घटना के पश्चात् तीन दिन तक मैं सेठ गोकुलदास की जेब में रहा। उसके बटुए में मेरे साथ रहने वाले भाँति-भाँति के नोट थे। एक रुपये के नोट, पाँच रुपये के नोट, दस रुपये के नोट, हजार रुपये के नोट। सेठ का बटुआ हर वक्त नोटों से भरा रहता था। यह भी नहीं कि उस बटुए को खोलने का समय न आया हो, अगले तीन दिन में कई बार वह बटुआ खुला और बन्द हुआ। कई बार उसमें से दस के, सौ के और हजार के नोट निकले और उनकी जगह दूसरे नोट आ गए। हम नोटों की जिन्दगी में यही होता है। अमर जीवन किसी को नहीं मिलता। हर बटुआ सराये-फानी है।

तीन दिन तक बड़े मजे किए। सेठ का बटुआ उम्दा मराको चमड़े का था जिसके अन्दर महीन रेशम का अस्तर था। उस नर्म और गुदगुदे रेशमी बिछौने पर हम तीन दिन तक आराम से लेटे रहे, लगता था जैसे ताजमहल होटल में कमरा बुक किया हो। दस, पाँच, दो और एक के नोटों से बहुत जल्दी दोस्ती हो गई, क्योंकि हम लोगों के विचार और वातावरण एक-से थे। जिन्दगी भी लगभग एक-सी थी, इसलिए हम लोग बहुत जल्दी एक-दूसरे से घुल-मिलकर गडमड हो गए। पर सौ के नोट अपनी पंक्तियाँ अलग जमाये बैठे रहे। हम करेंसी नोटों में ऊँच-नीच की भावना बहुत है। दस का नोट अपने-आपको दो के नोट

से ऊँचा समझता है और हजार वाला नोट आँख उठाकर दस के नोट की तरफ देखना भी नहीं चाहता। नोटों के जीवन में असमानता अधिक है। हर नोट की 'क्लास' अलग है। पाँच के नोट से दस का मूल्य ज्यादा होता है इसलिए दस के नोट का दर्जा भी ज्यादा होता है इसलिए उसका आकार भी बड़ा होता है। दस से सौ का आकार बड़ा होता है और हजार का नोट तो इतना खरा होता है कि उसकी सात पुश्तों पर कोई हरफ नहीं रख सकता। बढ़िया कागज, सुन्दर छपाई, साज-सज्जा 'ए-वन'। इसे बहुत कम हाथों से छुआ जाता है और जब छुआ जाता है तो ऐसे सँभालकर और डरते-डरते जैसे कोई नोट न हो आसमान से उतरा हुआ पवित्र ग्रन्थ हो। मैंने उन तीस दिनों में अपने भाई-बन्दों को बहुत समझाया। उनको बताया कि हममें से कोई आसमान से नहीं उतरा है, हम सब लोग एक ही कागज से बने हैं और नासिक के एक ही प्रेस में छापे गए हैं। हमारा आदि एक और अन्त भी एक है। यानी सभी को खर्च होना है, चाहे वह एक का नोट हो या एक हजार का। मगर मेरी आवाज को कागज के एक तुच्छ टुकड़े की खड़खड़ाहट से अधिक कोई महत्त्व नहीं दिया गया। इसलिए मैं चुप हो गया।

तीन दिन के बाद गणेश चतुर्थी थी, सुबह सवेरे सेठ ने बहुत उम्दा स्नान किया। एक कोरी-चिट्टी धोती पहनी। रेशमी कुर्ता जिसमें सोने के बटन लगे हुए थे। माथे पर चन्दन का टीका लगाया। कानों में हीरे के बुन्दे पहने और बहुत-से नोटों से अपने बटुए को भर लिया।

इसके बाद सेठ ने अपनी केडीलेक में तरह-तरह की डालियाँ रखीं। दो नौकर और एक मुनीम को साथ में लिया और सुबह के आठ बजे ही घर से निकल गया। साढ़े आठ बजे के करीब गाफ रोड की एक बड़ी कोठी के दरवाजे पर सेठ ने अलख जगाई।

एक नौकर बाहर आया। सेठ ने पहले ही से टेलीफोन कर रखा था और नौकर भी उसे पहले ही से जानता था, क्योंकि वह उसे देखते ही उसका नाम पूछे बिना अन्दर लौट गया। थोड़े अरसे के बाद फिर आया और सेठ गोकुलदास को इशारे से बुलाकर अन्दर ले गया।

ड्राइंग-रूम में एक जहीन चेहरे वाला छोटे कद का आदमी बैठा था। सूरत-शक्ल से दो रुपये का नोट मालूम पड़ता था। पर उसके माथे पर भी चन्दन का टीका लगा हुआ था क्योंकि आज गणेश चतुर्थी का शुभ दिन था। दोनों ने एक-दूसरे को बधाई दी, एक-दूसरे से हाथ मिलाया, ठण्डा शर्बत पिया और फिर सेठ ने इधर-उधर देखकर उस छोटे कद वाले आदमी से कहा—मुझे बड़े जोर का पेशाब लगा है। छोटे कद वाला आदमी मुस्कराकर अपनी कुर्सी से उठा और सेठ को टायलेट का कमरा दिखाने ले चला। टायलेट का कमरा दिखाकर वह वापस होने वाला था कि सेठ ने लेवेटोरी का दरवाजा अन्दर से बन्द कर दिया, और छोटे कद वाले आदमी के पाँव पर गिर पड़ा। उसके चरण छूकर सेठ ने अपने बटुए को छुआ और उसमें से पचास हजार के नोट निकालकर उस छोटे कद वाले आदमी के हाथ में जबर्दस्ती थमा दिए और फिर उसके पाँव छूकर कहा—सुब्रह्मण्यम् साहब, मेरी फाइल पर हस्ताक्षर कर दीजिए नहीं तो मैं बर्बाद हो जाऊँगा। सुब्रह्मण्यम् ने आश्वासन-भरे स्वर में कहा—आपने बेकार में तकलीफ की, मैं तो रिश्वत किसी से लेता ही नहीं, यह मेरा सिद्धान्त है।

सेठ बोला—मैं भी रिश्वत किसी को नहीं देता, मेरा भी यही सिद्धान्त है। पर यह तो रिश्वत नहीं है, सुब्रह्मण्यम् साहब, यह तो गणेश चतुर्थी के त्यौहार की मिठाई है।

—मिठाई है तो ठीक है।

सुब्रह्मण्यम् ने पचास हजार के नोट अपनी जेब में रखे और कहा—पर आगे के लिए भी सावधान रहना। रिश्वत मैं कभी नहीं लूँगा, वैसे आपका केस बहुत मजबूत है। कल रात मैं आपकी फाइल दफ्तर से घर लेता आया था। अभी आपके सामने हस्ताक्षर कर देता हूँ। इसको लेकर तुरन्त मेरे डिप्टी के पास चले जाओ। वह ऑर्डर जारी कर देगा, ठेका आपको मिल जाएगा।

गाफ रोड से सेठ गोकुलदास चेतन रोड गया, वहाँ भी घंटी बजायी, वहाँ भी नौकर बाहर आया और नाम पूछे बिना अन्दर लौट

गया, क्योंकि सुब्रह्मण्यम् ने डिप्टी साहब को फोन कर दिया था। वहाँ भी सेठ को बड़े जोर का पेशाब लगा, वहाँ भी उसी तरह लेवेटोरी में बातें हुईं। उसी तरह डिप्टी ने सात हजार की रिश्वत लेने से साफ इनकार कर दिया, आखिर जब सेठ ने समझाया कि यह रिश्वत नहीं है केवल गणेश चतुर्थी की मिठाई है तो कहीं जाकर वह माना और उसने फाइल पर ऑर्डर लिखकर सेठ को सावधान कर दिया कि वह फौरन सेक्शन ऑफिसर की कोठी पर जाकर इस ऑर्डर पर दूसरे ऑर्डर हासिल कर ले, मैं उसको टेलीफोन किए देता हूँ।

जब सेठ तीसरे बँगले अर्थात् तीसरी लेवेटोरी से बाहर निकला तो बहुत खुश था, उसका बटुआ करीब-करीब खाली हो चुका था। मगर वह बहुत खुश था। सेक्शन ऑफिसर के बँगले से निकलते ही उसने अपने ड्राइवर से कहा—अब सीधे गणेशजी के मन्दिर चलो।

आज मन्दिर में बहुत भीड़ थी। हर प्राणी अपनी हैसियत के मुताबिक गणेशजी से सौदा करने आया था और उसी हिसाब से मन्दिर में अपनी जगह पर खड़ा था। क्योंकि शहर में यह गणेशजी का सबसे बड़ा मन्दिर है।

इस मन्दिर में जो गणेशजी की मूर्ति स्थापित है वह खरे सोने की है और हीरे-पन्ने से सजी है। यूँ तो हर रोज भक्तों को मन्दिर के भीतरी द्वार तक आने की आज्ञा थी लेकिन आज गणेश चतुर्थी के शुभ अवसर पर बहुत भीड़ होने के कारण भक्तों के दर्जे तय कर दिए जाते हैं, सिनेमा की तरह। मन्दिर के भीतरी द्वार तक वही भक्त आ सकते हैं जो दस रुपये का नगद चढ़ावा चढ़ा सकते हैं। उनके पीछे पाँच रुपये वाले, उनसे दूर दो रुपये वाले, सबसे आखिर में एक रुपये वाले थे। मन्दिर क्या है मानो सेठ का बटुआ है जिसमें स्त्री-पुरुष कागज के नोटों की तरह अपनी-अपनी कीमत के हिसाब से खड़े हैं। मन्दिर के आँगन से बाहर उन लोगों का बहुत बड़ा जमघटा था जो सिर्फ फल और फूल लेकर आए थे—टटपूँजिए।

सेठ गोकुलदास ने बटुआ खोलकर अन्दर देखा, जहाँ पाँच, दो

और एक के कुछ नोट थे। बाकी सब नोट खत्म हो चुके थे। दस का नोट भी केवल मैं ही एक बाकी रह गया था, सेठ ने मुझे बटुए से निकाला और द्वार के अन्दर गणेश-स्तुति बाँचते हुए पुजारी के हाथ में दे दिया। फिर दोनों हाथ जोड़कर गणेशजी की स्वर्ण मूर्ति को नमस्कार किया और चला गया।

पुजारी ने मुझे गणेशजी के चरणों में गिरा दिया जहाँ मुझसे पहले ही नोटों का एक अम्बार लगा था। पुजारी बराबर स्तुति किए जाता था, दो और पुजारी थे जो बार-बार घंटे बजाते थे। एक कोने में दो और पुजारी बैठे हुए माला जप रहे थे। उनमें से एक पुजारी का यह काम था कि वह माला जपते-जपते ही चढ़ावे में चढ़ने वाले एक, दो और पाँच के नोटों की गिनती करता जाए। दूसरे के सुपुर्द दस के नोटों की गिनती थी।

एक के नोट पर माला का एक मनका घूमता था—श्री गणेशाय नमः।

दो के नोट पर दो मनके और पाँच के नोट पर पाँच मनके जल्दी-जल्दी घूम जाते थे। इससे चढ़ावे का हिसाब भी होता रहता है और देवता की पूजा भी होती रहती है।

इस मन्दिर के महन्त का नाम मंगलदेव था और इस मन्दिर की महन्ताई सात पुश्तों से उसके खानदान में चली आ रही थी। वह मलाबार हिल पर रहता था और कभी-कभार ही मन्दिर में आकर अपने भक्तों को दर्शन देता था। इस काम के लिए उसने चार पुजारी पगार पर रखे हुए थे। हरेक को हर महीने दो सौ रुपया मिलता था, दो पुजारी माला जपकर हिसाब करने वाले थे, उन्हें ढाई सौ रुपया मिलता था क्योंकि उनका काम भी टेढ़ा था। इन चारों से ऊपर महन्त का एक खास आदमी था वह साढ़े तीन सौ पगार पाता था। इसके अलावा महन्तजी ने अपनी मलाबार हिल की कोठी में दो कमरे दे रखे थे। रात को चढ़ावा समेटकर वहीं ले जाया जाता था।

आज ग्यारह हजार रुपये का चढ़ावा आया था। साढ़े आठ बजे

रविशंकर ने लोहे का वह दरवाजा बन्द किया जिसके अन्दर गणेशजी की स्वर्णमूर्ति थी। उसे ताला लगाया, पुजारियों को बाहर आँगन की कोठरियों में जाने की आज्ञा दी। लोहे के दरवाजे का 'इलेक्ट्रिक अलार्म' ऑन किया। अब रात को कोई चोर तो क्या कोई पुजारी भी मन्दिर के इस द्वार को हाथ नहीं लगा सकता था। हाथ लगाते ही मर जाएगा और अलार्म भी फौरन बजना शुरू हो जाएगा। फिर मन्दिर के आँगन में तीन चौकीदार भी रहते थे, जो रोज रात को पहरा देते थे।

रविशंकर नकदी, नोट और जेवर समेटकर महन्त की गाड़ी में बैठकर कोई नौ बजे के करीब मलाबार हिल पर पहुँचा। वहाँ पर मंगलदेव बड़ी बेचैनी से उसकी राह ताक रहा था क्योंकि शीघ्र ही कहीं और जाना था।

रविशंकर ने जब सब हिसाब-किताब चढ़ावे समेत महन्तजी के चरणों में रख दिया तो महन्तजी एकदम क्रोध में आ गए, बोले—अरे रविशंकर! पिछले साल तो पन्द्रह हजार का चढ़ावा चढ़ा था। इस साल ग्यारह हजार कैसे हो गया? एकदम इतना फॉल, डैमिट। हाऊ इज इट पासिबल?

महन्त मंगलदेव कान्वेण्ट का पढ़ा हुआ था और बहुत अच्छी अंग्रेजी जानता था। और इस वक्त क्रोध में आप-ही-आप अंग्रेजी भाषा के बहुत से सुन्दर वाक्य उसके मुँह से निकल पड़े।

रविशंकर ने ठण्डी साँस लेकर कहा—अब तो घोर कलियुग है महन्तजी, धर्म नष्ट हो रहा है।

कलियुग पिछले साल नहीं था क्या?—महन्त मंगलदेव क्रोध से पैर पटककर बोला।—इतना 'सडेन फॉल' कैसे आ गया? 'इट इज इनकाम्प्रेहेंसिबल'। मेरा मन्दिर शहर में गणेशजी का 'बेस्ट' मन्दिर है। शहर के बीचोंबीच है। मूर्ति भी खरे सोने की है। अरे, रविशंकर अगर मन्दिर का चढ़ावा इसी तरह कम होने लगा तो अपना तो सारा बिजनेस चौपट हो जाएगा।

जब महन्त मंगलदेव कुछ ढीला पड़ा तो रविशंकर ने हाथ जोड़कर

कहा—गुरुदेव! आजकल महँगाई का जमाना है। जो सेठ सौ रुपये का चढ़ावा चढ़ाता था आजकल दस रुपये पर ही टरका देता है और दस रुपये वाला जल्दी से दो रुपये देकर भाग जाता है और एक रुपये वाला तो केवल दो पुष्प चढ़ाकर अपनी श्रद्धा की पूर्ति कर लेता है। इस महँगाई के जमाने में इतना भी जो हो गया सो बहुत है मालिक।

मंगलदेव कुछ कहने ही वाला था कि टेलीफोन की घण्टी बज उठी। टेलीफोन उठाकर उसने बात की तो उसका चेहरा खुशी से खिल उठा।

अभी आता हूँ—कहकर उसने टेलीफोन का चोंगा नीचे रख दिया। फिर चढ़ावे में से कुछ सौ के और कुछ दस के नोट निकालकर अपनी जेब में रखे, मैं भी उसकी जेब में चला गया। फिर मंगलदेव ने चाबियों का एक गुच्छा जेब से निकालकर बाकी चढ़ावे को एक तिजोरी में बन्द कर दिया, और अपनी गाड़ी मँगाने का हुक्म दिया।

भक्तों में यह मशहूर था कि गणेश चतुर्थी के दिन महन्तजी दिन-भर घर में व्रत रखते हैं और मौन रहकर गणेशजी की पूजा करते हैं, और जब रात हो जाती है तो समुद्र के किसी अकेले किनारे पर चले जाते हैं और रेत पर समाधि लगाकार रात-भर अपने इष्टदेव की स्तुति करते हैं। मंगलदेव का चेहरा गोल, रंग गोरा, आँखें बड़ी-बड़ी और आवाज बेहद रसीली थी। वह बड़े सुन्दर स्वर में भजन गाता था और साल में सात-दस दिन के लिए टाउन हाल में गणेश महिमा पर अंग्रेजी भाषा में बड़े जोरदार लेक्चर देता था।

जब गाड़ी पोर्च में आ गई तो उसने उठकर अपनी रेशमी धोती की सिलवटों को ठीक किया। इतने में उसकी बीवी भी अन्दर आ गई और उसके पाँव छूने लगी, क्योंकि वह केवल उसका पति ही नहीं था, धर्मगुरु भी था जो इस समय रात के सन्नाटे में समुद्र के तट पर सारी रात समाधि लगाने जा रहा था। मंगलदेव ने बड़ी गम्भीरता से अपनी पत्नी के सिर पर हाथ रखा और फिर बाहर पोर्च में आकर गाड़ी में बैठ गया। यह एक पुरानी काले रंग की एम्बेसेडर थी।

कार्निक रोड के पेट्रोल पम्प के निकट नाके पर उसकी एम्बेसेडर रुक गई। महन्त मंगलदेव उसमें से निकला और एम्बेसेडर के आगे खड़ी हुई एक पुरानी ओल्ड्समोबील में बैठ गया। उसके बैठते ही वह पुरानी गाड़ी चल पड़ी और पहली गाड़ी वापस हो गई।

पैरामाउण्ट हिल पर जाकर यह गाड़ी रुक गई। यहाँ एक शानदार इम्पाला उसका इन्तजार कर रही थी। इस इम्पाला के अन्दर सब्ज रंग के परदे खिंचे हुए थे। महन्त मंगलदेव ओल्ड्समोबील से निकला और इम्पाला में सवार हो गया। ओल्ड्समोबील वापस गई और जब नजरों से ओझल हो गई तो उसने इम्पाला के ड्राइवर को गाड़ी आगे बढ़ाने का इशारा किया। उन्हें पैरामाउण्ट हिल पाइण्ट से कहीं बहुत दूर नहीं जाना था। फिर भी वह इधर-उधर चक्कर काटते रहे और ऊपर-नीचे सड़क पर जाते रहे। आखिर जब महन्त मंगलदेव ने अन्दाजा लगाया कि दस बज रहे हैं और कोई उसका पीछा नहीं कर रहा है तो उसने धीमे स्वर में ड्राइवर से कहा—अब चलो।

गाड़ी घूमकर 'टिफानीज बिल्डिंग' के पिछवाड़े में आ गई। ड्राइवर ने सावधान होकर चारों ओर देखकर इम्पाला का पट खोला। महन्त को बाहर आने का इशारा किया और उसे पिछली लिफ्ट की तरफ ले गया। लिफ्ट के दोनों दरवाजे बन्द किए और उस समय तक बाहर खड़ा रहा जब तक महन्त मंगलदेव लिफ्ट से ऊपर नहीं चला गया।

सातवें माले पर पहुँचकर लिफ्ट रुक गई। मंगलदेव बाहर निकला। महोगनी के एक शानदार दरवाजे पर खड़े होकर उसने घंटी बजाई। अन्दर के 'व्यू फाइण्डर' से किसी ने उसे बाहर खड़े हुए देखा और जब अच्छी तरह से पहचान लिया तो दरवाजा खोला।

—हैलो मंगलू!

—हैलो सूज़ी!

यह सूज़ी का प्राइवेट होटल था, या क्लब था। कुछ भी कहिए, सिर्फ पचीस सूइट थे दो कमरों के। और ये पचीस सूइट पिछले दस बरस से हमेशा बुक रहते थे। बड़े-बड़े लखपती, धनवान, ठेकेदार और

बिजनेसमैन ही सूज़ी के होटल के ग्राहक थे। वही जानी-पहचानी सूरतें, बरसों की आशना और एक-दूसरे के गुनाहों से वाकिफ। सूज़ी का होटल एक ऐसा बन्द दरवाजों वाला क्लब था जहाँ इस बड़े और अमीर शहर के कुछ प्रतिष्ठित शहरी ही जा सकते थे।

सूज़ी ने पूछा–'हाउ इज़ बिजनेस?'

मंगलदेव ने जवाब दिया–'डल ऐज यूजुअल!'

–आज ऐसा माल मँगवाया है तुम्हारे लिए, 'यू विल फारगेट योर ब्लूज'–सूज़ी खुशी से हँसी। मंगलदेव की आँखों में खुशी की गहरी चमक पैदा हुई। उसे मालूम था सूज़ी कभी झूठ नहीं बोलती। सूज़ी उसे उसके सूइट में ले गई जिसे दस साल से मंगलदेव ने किराये पर ले रखा था। एक दिन के लिए भी नहीं छोड़ा था।

सूइट में जो लड़की बैठी थी उसे देखते ही मंगलदेव के मुँह से राल टपकने लगी। भारी सीना, पतली कमर, भारी कूल्हे, चम्पई रंग, लम्बा शहजादियों का-सा कद, गहरी नशीली आँखें–ऐसा लगता था जैसे सूज़ी किसी सुन्दर देवदासी की मूर्ति को एलोरा से उठाकर ले आई है और उसे साड़ी पहनाकर सूइट में बिठा दिया है।

क्यों?–सूज़ी का चेहरा मंगलदेव की तरफ देखते हुए खुशी से चमक रहा था।

मंगलदेव ने धीमे स्वर में कहा–बिलकुल शहजादी लगती है।

सूज़ी बोली–इसका नाम भी शहजादी है।

–इसकी माँ बंजूरा के राजा के यहाँ थी। राजा के महलों में इसका जन्म हुआ। शहजादियों की तरह पली-बढ़ी। भरत-नाट्यम नाचने में इसका जवाब नहीं है।–शहजादी ने जो साड़ी पहन रखी थी उस पर कपड़ा तो कहीं-कहीं नजर आता था वरना सारी साड़ी सोने के सच्चे गोटे की झालरदार लहरियों से जगमगा रही थी। हाथों में हीरे के जयपुरी कड़े, कानों में झमझमाते कर्णफूल, गले में पुखराज का गुलूबन्द। कहीं पर नजर नहीं ठहरती थी। मंगलदेव का दिल जोर-जोर से धड़कने लगा। ये उजली त्वचा, ये साँचे में ढला बदन, मंगलदेव उसे

हाथ लगाने में भी डर रहा था। कहीं हाथ लगते ही यह लुप्त तो नहीं हो जाएगी। शहजादी उसकी तरफ देखकर जरा-सी मुस्कराई। औरत की पहली मुस्कान ऐसी ही होती है—मंगलदेव ने सोचा, एक छोटे-से पैग से मिलती-जुलती। वह शहजादी के निकट लेकिन थोड़ा-सा फासला रखकर बैठ गया और व्हिस्की की बोतल खोलने लगा।

चौथे पैग में वह उसके सामने नाच रही थी और वह उसके बदन के लचकीले खम देख-देखकर नशे की वादी में उतरता जा रहा था कि इतने में दरवाजे पर हलका-सा खटका हुआ। मंगलदेव ने उठकर दरवाजा खोला।

दरवाजे पर उसका दोस्त रिफत हुसेन, सैयद रिफत हुसेन रक्सबन्दी, अपनी छोटी-सी खिचड़ी दाढ़ी खुजाता हुआ उसकी तरफ देखकर मुस्करा रहा था। उसके साथ भी एक सुन्दर युवती थी। शक्लो-सरूत से वह बंगालिन मालूम होती थी, बाल कमर तक बिखराए हुए, फूल सजाए हुए, पाँव में आलता की लाली, आँखों में काव्य की पीड़ा लिए हुए, जैसे वे आँखें अभी रो देंगी।

रिफत हुसेन ने कहा—यह सुधा है, क्या हम अन्दर आ सकते हैं?

आओ, आओ रिफी—मंगलदेव ने सुधा की तरफ देखते हुए रिफत हुसेन से कहा।

एक बहुत बड़ी खुशखबरी लाया हूँ—रिफत हुसेन चहककर बोला—मैंने सुप्रीम कोर्ट से मुकदमा जीत लिया है। यह समाचार सुनकर मंगलदेव ने अपने दोनों हाथ फैला दिए। दोनों मित्र गले मिलने लगे।

जब पाकिस्तान बना तो मंगू बाबा के मशहूर मजार का मुजावर फिसादों से डरकर पाकिस्तान चला गया, जहाँ उसने मंगू बाबा के बड़े भाई लंगू साईं के मजार पर अपना अधिकार जमा लिया। उसके जाते ही सैयद रिफत हुसेन रक्सबन्दी ने जिसका असली नाम शकूरा था और इलाके का मशहूर गुण्डा था, और जो जात का हज्जाम था, अपने आठ-दस साथियों की मदद से मंगू बाबा के मजार पर कब्जा कर लिया। इस पर असली मुजावर के दूर-पार के रिश्तेदारों ने, जो भारत

में रह गए थे, कोर्ट का दरवाजा खटखटाया। सात वर्ष तक मुकदमा चलता रहा। मामला सुप्रीम कोर्ट तक गया। आखिर फैसला शकूरे के हक में हुआ यानी सैयद रिफत हुसेन रक्सबन्दी के हक में, जो इस समय सुधा बंगालिन को बगल में दाबे मंगलदेव के सामने खड़ा मुस्करा रहा था।

'इट इज ए गला डे देन'—मंगलदेव खुशी से बार-बार हाथ हिलाते हुए अपने मित्र से कहने लगा—आओ बैठो। आज दोनों मिलकर इसे 'सिलेबरेट' करेंगे।—कोई बारह बजे के करीब दोनों नशे में इतने धुत हो चुके' थे कि देश की बड़ी-बड़ी समस्याओं को हल करने पर तैयार हो गए थे। बातचीत बड़े ऊँचे स्तर पर हो रही थी।

मैं कहता हूँ हिन्दू और मुसलमान में क्या फर्क है?—मंगलदेव ने रिफत हुसेन को चुटकी लेकर कहा।

हाँ! यही तो मैं भी कहता हूँ।—रिफत हुसेन मंगलदेव को बड़ी गम्भीरता से समझाने लगा।

—यह सारा झगड़ा एकदम गलत है। तुम खुद सोचो, सुधा और शहजादी में क्या फर्क है?

कोई फर्क नहीं!—मंगलदेव बोला।

रिफत हुसेन और मंगलदेव में क्या फर्क है?—रिफत हुसेन ने फिर पूछा।

कोई फर्क नहीं।—मंगलदेव ने जोर से सिर हिलाकर कहा, फिर स्वयं बोल पड़ा—मन्दिर और मजार में क्या फर्क है?

दोनों खुदा के घर हैं—रिफी ने शराब का आखिरी घूँट पीकर जाम खाली कर दिया और सुधा की कमर में हाथ डालकर बोला—आओ डारलिंग, चलें—इनको आराम करने दो।

कोई चार बजे के करीब मंगलदेव अपने बिस्तर से उठा। बगल में सोती हुई शहजादी को जगाया। अपना बटुआ उसके हाथों में देकर बोला—इसमें जो है, सब निकाल लो। दस का एक नोट रहने दो।

शहजादी ने लेटे-लेटे ही बटुआ खोलकर अपने सीने पर उलटा

कर दिया। बहुत-से नोट निकले। वे सब उसने गिनकर समेट लिए। फिर मुझे उठाकर बड़ी अदा से मंगलदेव को दिखाकर मुझे वापस बटुए में डाल दिया और बटुआ मंगलदेव की तरफ बढ़ा दिया।

तुम आराम से सोती रहो। जब जी चाहे जाना।—मंगलदेव ने शहजादी से कहा—सूज़ी को तुम्हारा पता तो मालूम होगा?

शहजादी ने नींद-भरी निगाहों से उस चन्दन की मूर्ति को देखा, जिसका नाम मंगलदेव था। वह आहिस्ता से हँसी। हँसकर बड़ी अदा से उसने हाँ में सिर हिला दिया।

—अच्छा मैं जाता हूँ, एक आखिरी प्यार—मंगलदेव उस पर झुक गया।

शहजादी ने अपनी दोनों बाँहें उसके गले में डाल दी।

चार बजकर पन्द्रह मिनट पर मंगलदेव पिछली लिफ्ट से नीचे उतरा। बाहर इम्पाला खड़ी थी। पैरामाउण्ट हिल पाइण्ट पर पहुँचा, वहाँ ओल्ड्समोबील खड़ी थी। उसमें बैठकर वह रविशंकर की बताई हुई जगह पर पहुँचा। अकेला तट, काली-काली चट्टानें और कदमों में चाँदी की झालरें कतरता हुआ नीला समुद्र।

मंगलदेव एक बड़े पत्थर पर समाधि लगाकर बैठ गया और शहजादी के रुपहले बदन के ध्यान में खो गया। भोर के ताजा झोंके शहजादी की नाजुक अँगुलियों के रेशमी स्पर्श की तरह उसके शरीर को गुदगुदाते जाते थे और समुद्र की लहरों में भी गोया शहजादी का नृत्य था।

—हरि ओम्। हरि ओम्।

भोर चटखने लगी। क्षितिज के खाली जाम में रोशनी के पहले पेग का सुनहरा रंग झिलमिलाने लगा। दूर खड़े नारियल के हरे छतनारों में सुरीले पंछियों के पहले स्वर शहजादी की रूपहली हँसी की तरह खनकने लगे। काली चट्टानों के परे बलखाती सड़क नीली होती गई और उन पर आने वाले दर्शनार्थियों के ढोल-तासों के स्वर गूँजने लगे। नर-नारी, बच्चे-बूढ़े पूजा का सामान लिये रात-भर से समाधि लगाये

महन्त मंगलदेव को जगाने के लिए दूर-दूर से आ रहे थे। 'हरि कीर्तन' की स्वर-लहरी निकट आने लगी। फिर चार घोड़ों की चाँदी की पालकी का छतर और कलश दूर से चमकने लगा।

एक पल के लिए, हौले से मंगलदेव ने हिले-डुले बिना अपनी आँखें जरा-सी खोलकर आने वाली भीड़ को देखा। फिर आँखें बन्द करके गहरे ध्यान में डूब गया। सैकड़ों लोग थे, हजारों लोग, भजन गाते हुए भक्ति के नशे में चूर सच्चे लोग, भोले लोग, गरीब लोग, धर्म और प्रेम में डूबे हुए ऊँचे स्वरों में स्तुति करते हुए निकट आ गए। उन्होंने समाधि में लीन मंगलदेव को अपनी बाँहों में उठाकर चाँदी की पालकी में सवार करा दिया। पर मंगलदेव की समाधि नहीं टूटी। वह उसी तरह चाँदी की पालकी में आलथी-पालथी मारे अपनी समाधि में लीन रहा। आमतौर पर चाँदी के रथ पर सवार होते समय मंगलदेव की समाधि टूट जाती थी। आज जो नहीं टूटी तो भक्तों की श्रद्धा और बढ़ गई और वे जोर-जोर से महन्त मंगलदेव के जयकारे लगाने लगे।

रात को रविशंकर ने मंगलदेव को बताया—आज जो जुलूस निकला है वह आपको वर्षों तक याद रहेगा। पालकी पर जो चढ़ावा चढ़ा है नकद तो अठारह हजार से अधिक है। सोने-चाँदी के गहने इसके अलावा हैं, गुरुदेव!—इतना कहकर रविशंकर ने महन्तजी के चरण छुए। जैसे वह कल के कम चढ़ावे की क्षमा माँग रहा हो।

महन्तजी ने खुश होकर उसके सिर पर हाथ फेरकर उसे आशीर्वाद दिया और चढ़ावे में से पाँच सौ रुपया भी निकालकर दिया।

इतने में सूज़ी का फिर टेलीफोन आया।

3

जोन्स ने ऐला को गोल्ड बाऊल बार में खाने के लिए बुलवाया था। ऐला हल्के ऊदे रंग की फ्राक पहनकर आई थी, जो उसकी बनफ्शई आँखों के साथ मैच करता था। जोन्स ने भी नीली मछलियों वाला नया टॉन बुशर्ट पहन रखा था और गहरे हरे रंग की टेरेलिन की पतलून इतनी तंग कि जरा हिलने पर उस पतलून के अन्दर से उसकी रान की मजबूत मछलियाँ हिलती दिखाई देती थीं। ऐरिक जोन्स ने पीले पर्दों वाली खिड़की के नीचे अपना टेबिल बुक किया था जहाँ से वह बुड्ढे आयरिश गिटारिए को गिटार बजाते देख सकता था। उसने ऐला को अपने सामने की कुर्सी ऑफर की। अपने कन्धे पर लटके हुए चमड़े के बक्से में बन्द कैमरे को उतारा और एक कुरसी पर रख दिया, फिर उसी कन्धे से दूसरे छोटे बैग को उतारा और सामने टेबिल पर रख दिया। फिर करीम खाँ वेटर को बुलाकर उसे 'क्वीन ऑफ क्वीन' व्हिस्की की पूरी बोतल का ऑर्डर दिया।

पूरी बोतल?—ऐला ने चकित होकर पूछा।

पूरी बोतल—ऐरिक जोन्स ने बड़े इत्मीनान से कहा। आज से ठीक पन्द्रह दिन पहले ऐरिक की जेब में दस रुपये भी नहीं थे। कभी न होते थे। ऐला ऐरिक को छह साल से जानती थी। वह एक लैण्डस्कोप फोटोग्राफर था, नैनीताल में वह पहली बार उससे मिली थी, जहाँ

उसका बॉस उसे अपने साथ ले गया था। किसी रोमेण्टिक कारण से नहीं केवल इस वजह से कि ऐला का बॉस एक दर्जन से अधिक कारोबारी कम्पनियों का डायरेक्टर था, और उसे अपने लिए एक प्राइवेट सेक्रेटरी की सदा जरूरत रहती थी। कहीं भी वह जाए टाइप राइटर की टिक-टिक से बिजनेस को तो देखना ही पड़ेगा।

ऐला को ऐरिक से प्रेम हो गया था। मगर ऐरिक बहुत गरीब था, बहुत अभिमानी था, बहुत मूरख था, उसे लैण्डस्केप फोटोग्राफी से प्रेम था। मगर आजकल लैण्डस्केप किसे पसन्द आते हैं? मद्धिम-मद्धिम रंगों वाले गुलाबी दृश्य, सफेद राजहंस झील के पानी में तैरते हुए, पेड़ अपनी डालियाँ खोले सफेद बादलों को ताकते हुए, भूरी भेड़ें हरी घास पर चरती हुईं, मैना के बच्चे चोंच खोले हुए चुग्गे के लिए बेताब—यह सब किसे पसन्द आता? ऐरिक एक असफल फोटोग्राफर था।

छह सालों से ऐला ऐरिक से प्रेम कर रही थी। वह उसकी पत्नी बनना चाहती थी, उससे बच्चे चाहती थी, छह सालों से वह उसका इन्तजार कर रही थी। हर पल उसकी जवानी गुजरती जा रही थी। जवानी—जब औरत शहद होती है, महक होती है, नशा होती है, जब खाली आईने उसका इन्तजार करते हैं, और रेशम के वस्त्र उसे छूने के लिए बेकरार होते हैं। औरत की जवानी वह कच्चा मोम है जो मर्द के कलात्मक हाथों में सज-सँवरकर शमा बनती है। छह साल तक धीरे-धीरे ऐला सिसकती और सुलगती रही, मगर शमा न बन सका। क्योंकि ऐरिक गरीब रहा, वह कभी मशहूर फोटोग्राफर न बन सका। कभी-कभार उसके दो-तीन लैण्डस्केप साल में इधर-उधर अंग्रेजी मासिकों में छप जाते थे। उसकी जेब हमेशा खाली रही और शादी की घड़ी दूर से दूर होती गई। आज से पन्द्रह दिन पहले ऐला ने निराश होकर ऐरिक से लड़ाई कर ली थी। पन्द्रह दिन तक वे दोनों एक-दूसरे से नहीं मिले थे। आज मिल रहे थे। वह भी ऐरिक के बार-बार टेलीफोन करने पर। वरना ऐला ने तो निश्चय कर लिया था कि अब वह ऐरिक से कभी नहीं मिलेगी। मिलना तो उसे आज भी नहीं था

मगर जाने क्यों बीते हुए मीठे क्षणों की याद उसे खींच लाई थी। वरना कायदे से तो अब उसे ऐरिक से नहीं मिलना चाहिए।

ऐरिक खुशी से उबल रहा था, होठों में गुनगुना रहा था, फास्टर किंग के महँगे सिगरेट पी रहा था। आज न सिर्फ उसने क्वीन ऑफ क्वीन व्हिस्की का ऑर्डर दिया था बल्कि ऐला के लिए बेहतरीन स्नैक भी मँगाए थे और पीने के लिए मार्टिनी।

मार्टिनी, ऐला आश्चर्य से चौंक गई—क्या तुम्हारा कोई अमीर चाचा मर गया है? या तुम्हारी लैण्डस्केप फोटोग्राफी का एलबम बिक गया है?

एक गाय ने दूध दिया है—ऐरिक खुशी से चहककर बोला। फिर उसने मेज पर रखे हुए छोटे बैग का जिप खोला और ऐला को उसमें झाँकने के लिए कहा। ऐला आगे को झुकी, चकित होकर उसने अपना हाथ अपने होंठों पर रख लिया। पूरा बैग नोटों से भरा हुआ था।

कोई डाका डाला है?—ऐला ने फटी-फटी आँखों से उसकी तरफ देखकर पूछा।

—कह तो रहा हूँ एक गाय ने दूध दिया है।

—साफ-साफ बात बताओ, पहेलियाँ न बुझाओ।

पहले तुम पीना तो शुरू करो—ऐरिक ने मार्टिनी का गुलाबी जाम उसके आगे बढ़ाया, खुद व्हिस्की का एक घूँट लिया। मार्टिनी के गुलाब ने ऐला के होंठों के गुलाब को छू लिया और हरी मेहराब वाले आतिशदान के करीब बैठे हुए बूढ़े गिटारिए ने भारी आवाज में गाया—

दरिया बहता है
डैन्यूब हो कि गंगा—
दरिया बहता है...

ऐरिक बोला—जब तुम मुझसे नहीं मेरी गरीबी से लड़ लीं तो मैंने सोचा मैं इस आर्ट को भूल जाऊँ जो मुझे भूखा रखता है, जो मुझे तुमसे दूर रखता है। वे बच्चे जो हमें सपनों में बुलाते हैं, जब इस गरीबी के कारण हमारे पास नहीं आ सकते तो इस आर्ट को भूल जाना ही अच्छा

है। कुछ पलों के लिए मेरे दिल में खयाल आया कि मैं भी अपनी कला को उसी स्तर पर ले आऊँ जिस स्तर पर एक वेश्या नृत्य और राग को ले आती है। फिर मैंने सोचा अगर अपने पवित्र आर्ट को इस स्तर पर गिरा देना है तो मैं सीधा-सीधा खुद ही क्यों न वेश्या बन जाऊँ या किसी चकले में नौकर हो जाऊँ। यही सोचकर मैं सूज़ी के पास चला गया।

—सूज़ी?

—हाँ! सूज़ी एक एंग्लो-इण्डियन कुटनी है और पैरामाउण्ट हिल पर एक हाई क्लास चकला चलाती है। वहीं पर मैं वेटर हो गया। तनख्वाह डेढ सौ रुपया महीना, ऊपर से बीस-तीस टिप के रोज हो जाते हैं। सीधा-सादा धन्धा था, मगर मजा न आया—इस स्तर पर उतरने के बाद भी अगर मैं गरीब ही रहा तो क्या बात हुई? एक रोज मुझे शरारत सूझी और मैंने यह किया।—इतना कहकर ऐरिक चुप हो गया। उसने मेज पर रखे बैग का जिप फिर खोला, हाथ अन्दर डालकर भरे हुए नोटों के नीचे से टटोल-टटोलकर पीले रंग का एक लिफाफा निकाला और उसे खोलकर सारी तस्वीरें ऐला के सामने ढेर कर दीं।

—देख लो मैंने क्या किया?

ऐला देखने लगी।

महन्त मंगलदेव और शहजादी—

सैयद रिफत हुसैन और सुधा—

सुधा और महन्त मंगलदेव—

रिफत हुसैन और शहजादी—

आयरिश बूढ़े का गिटार व्यंग्यात्मक स्वरों में हँसता मालूम होता था।

हवस के लम्बे सायों में
खुदा भी थककर सोता है
दरिया बहता है...

दूसरे दिन—ऐरिक ने कहा—मैं इन तस्वीरों को डेवलप करके सूज़ी

के पास ले गया। कुछ कहा नहीं उससे, बस ये सारी तस्वीरें उसके सामने रख दीं। वह भी कुछ नहीं बोली, बड़ी समझदार है। कुछ देर चुप रहने के बाद उसने दो जगह टेलीफोन किए। कोई आधे घंटे के बाद महन्त मंगलदेव और सैयद रिफत हुसैन दोनों मेरे सामने टेबिल पर मौजूद थे और तस्वीरों को देख-देखकर गश खा रहे थे। खैर सूज़ी ने मामला सँभाला और इक्कीस हजार रुपयों पर फैसला हुआ, सात हजार महन्त मंगलदेव ने दिए, सात हजार सैयद रिफत हुसैन ने, और सात हजार सूज़ी ने दिए—क्योंकि यह सारा किस्सा उसके चकले में हुआ था। इसलिए सूज़ी ने कहा कि वह भी इसकी सजा भुगतेगी। बुड्ढी कुटनी बहुत समझदार है, अपने ग्राहकों को चकले में रखने के सब गुर जानती है। यह कल का किस्सा है और आज मैंने तुमको टेलीफोन किया।

ऐला के चेहरे पर दर्द की एक लहर-सी आई। उसका रंग उड़ गया।

ऐरिक कह रहा था—अब हम शादी कर सकते हैं और घर ले सकते हैं, और सपने पूरे कर सकते हैं। उसने दूसरा पेग खाली करते हुए ऐला के खाली जाम में दूसरी मार्टिनी बनाते हुए कहा—ऐला! तुम चुप क्यों हो? जो तुम चाहती थीं वह सब तो अब हो गया, और एक दिन में हो गया। जो काम छह सालों में न हो सका उसे मैंने एक दिन में कर दिखाया है, मगर मुझे दुख होता है। अपने-आप पर नहीं, इस युग की सभ्यता पर दुःख होता है जो रिश्वत के लिए पैसे दे सकती है—ब्लैकमेल के लिए, डकैती के लिए पैसे दे सकती है लेकिन एक आर्टिस्ट की ईमानदार निगाह की कद्र नहीं कर सकती। इसलिए आज से मैं लैण्डस्केप फोटोग्राफी छोड़ रहा हूँ। आज से मैं वही फोटोग्राफी करूँगा जो बाजार में बिकता है। कत्ल की तस्वीरें, अर्धनग्न औरतों की तस्वीरें, दुर्घटना की तस्वीरें, फसादों की तस्वीरें, गिरते हुए मकानों, टकराती हुई मोटरों और नशे में लड़ते हुए लोगों की तस्वीरें—तस्वीरें जो भड़काती हैं, चौंकाती हैं, जो भयभीत करती हैं। जल्दी-जल्दी ऐरिक ने

एक बड़ा पेग बनाया। ऐला उसे हैरान होकर घूर रही थी।

चुप क्यों हो?—ऐरिक ने पूछा—बोलती क्यों नहीं हो?

ऐरिक—ऐला ठंडे सीधे लहजे में बोली—मेरी शादी हो चुकी।

नो?—ऐरिक घबराकर चिल्लाया। पेग उसके हाथों से छलक गया। आहिस्ते से ऐला ने 'हाँ' में सिर हिलाया।

यह क्या मजाक है?—ऐरिक इस कदर जोर से चीखा कि आसपास की मेजों से लोगों की निगाहें उठ गईं और उस पर जम गईं।

यह मजाक नहीं, यह सच है।—ऐला ठंडी साँस लेकर बोली—छह साल मैंने तुम्हारा इन्तजार किया, छह साल मैं तुम्हारे हालात बदलने की दुआ करती रही, और उस दिन जो तुमसे झगड़कर गई थी तो सदा के लिए ही गई थी। अब मैंने मोहन कुमार से शादी कर ली है और हिन्दू हो चुकी हूँ—मोहन कुमार कई फिल्मों का म्यूजिक डायरेक्टर है जो वर्षों से मेरे पीछे पड़ा था। मैं उससे प्यार नहीं करती, मगर प्यार ही तो सबकुछ नहीं है ऐरिक, स्त्री घर भी चाहती है और बच्चे, और जिस समय में सृजन कर सकती है वह बहुत कम होता है। मर्द तो सारी उम्र सृजन कर सकता है, पर प्रकृति ने नारी को बहुत कम समय दिया है।

तुम ये कैसे कहती हो?—तुम—तुम—तुम!—ऐरिक ने बड़ी सख्ती से ऐला का हाथ पकड़ लिया।

—याद करो वो शामें, जब बारिश बरसकर थम जाती थी और तुम्हारा हाथ सरककर मेरे हाथ में आ जाता था, और मेरी जिन्दगी के सारे गरीब लम्हे—तुम्हारी अँगुलियों को छूकर पूरे हो जाते थे, तुम किसी दूसरे की कैसे हो सकती हो? ऐला! ऐला!!—ऐरिक ने भर्राये हुए स्वर में कहा।

ऐला ने अपनी छाती पर क्रास का निशान बनाया, बोली—क्राइस्ट की कसम, मैं किसी दूसरे की हो चुकी हूँ, आज से चार दिन पहले मेरी शादी मोहन कुमार से हो गई, रीति-अनुसार तो मुझे आज नहीं आना

चाहिए था, पर मैं तुम्हें बता देना चाहती थी।

नो! नो! नो!!–ऐरिक अपनी टेबिल से उठकर अपने सिर के बाल नोचने लगा। उसकी आँखों में जैसे खून उतर आया। अत्यन्त क्रोध में उसने पहले तो अपने जाम को उठाकर दीवार पर दे मारा, फिर मेज पर पड़े हुए बैग को उठाकर, खोचकर, उसमें अपना हाथ डालकर करेंसी नोट भरकर उनको हाथ में उछालने लगा। वह इस समय बिलकुल पागल हो रहा था, और पागलों की तरह नोट उछालकर कह रहा था–लूटो! लूटो!! मुफ्त का माल है।

करेंसी नोट हवा में उछल रहे थे और गोल्ड बाऊल बार में बैठे हुए लोग अपनी मेजों से उठ-उठकर इन नोटों को अपने हाथों से पकड़ने की कोशिश में एक-दूसरे पर पिले और गिरे जा रहे थे। बार में एक हड़बोंग-सी मच गई। तीन-चार बार बैग में हाथ डालकर ऐरिक ने नोटों को हवा में उछाला। अन्त में पूरा बैग चीखते-चिल्लाते लोगों के सिर पर उल्टा कर दिया और अपने कैमरे को उठाकर तेजी से बाहर निकल गया।

थोड़ी देर के बाद हड़बोंग मिट गई और लोग कुछ सफल होकर कुछ असफल होकर वापस अपनी सीटों पर बैठने लगे।

बूढ़े आयरिश गिटारिए ने इस हंगामे में कोई भाग नहीं लिया था। जब सब लोग वापस अपनी-अपनी मेजों पर बैठ चुके तो वह धीरे-से मुस्कराया। गिटार के तारों पर अपना हाथ फेरा और भारी आवाज में अपना गीत समाप्त किया।

शब्द मर गए–
कौन इस सन्नाटे में खड़ा रोता है?
दरिया बहता है–

अगले चन्द पलों में सब चुप रहे। सिर्फ एक मेज पर से ऐला के सिसकने की आवाज आ रही थी।

4

फर्श पर ऐरिक की गिरी हुई व्हिस्की की बोतल उठाते हुए करीम खाँ वेटर के हाथ में भी दस का एक नोट आया था। वह इस नोट को अपनी जेब में डालकर, और बोतल उठाकर जिसमें थोड़ी-सी व्हिस्की बाकी रह गई थी, बार के अन्दर कहीं चला गया। व्हिस्की को जल्दी से उसने अपने गले में डाल लिया, फिर जेब से मुझे निकालकर देखा और अच्छी तरह से तह करके अन्दर की जेब में डालते हुए करीम खाँ के चेहरे पर एक सन्तोषजनक मुस्कान आई।

कल वह अपनी बच्ची को स्कूल की फीस दे सकेगा।

रात को करीम खाँ ने अपनी बीवी को सारा किस्सा सुनाया। यों तो गोल्ड बाऊल में हर रोज किसी-न-किसी ढंग का ऊधम मचता ही रहता था, मगर ऐसा किस्सा तो करीम खाँ को अपनी बीस साल की नौकरी में देखने को नहीं मिला। गोल्ड बाऊल में अधिकतर फटेहाल लेखक, प्रेस फोटोग्राफर, कवि, गायक, चित्रकार और उनके मॉडल जमा रहते थे। टुबले-पतले चेहरे, और फ्रेंच दाढ़ियाँ, और सूखी-सूखी लड़कियाँ अपने सिर पर 'बया' जैसा बालों का लम्बा घोंसला बनाकर आती थीं और चरस के सिगरेट फूँकती थीं। विदेशी जहाजियों और विदेशी टूरिस्टों का भी यही अड्डा था, जो इस विचित्र माहौल की बदनामी सुनकर इसे देखने के लिए चले आते थे। गोया कि हर वक्त एक

अजीब तरह का गुल-गपाड़ा रहता था। मगर रात का किस्सा तो लाजवाब था, जब एक सरफिरे फोटोग्राफर ने इक्कीस हजार के नोटों से भरा हुआ बैग बार में सबके सिरों पर उलट दिया था।

दूसरे दिन प्रत्येक समाचारपत्र में इसी घटना की चर्चा थी। ऐरिक ने ऊधम मचाकर हर समाचारपत्र के मुखपृष्ठ पर अपनी जगह बना ली थी। जहाँ इससे पहले हमेशा वजीरों की तस्वीरें होती थीं और हवाई जहाजों के गिरने और ट्रेनों के उलटने के समाचार। समाचार केवल घटनाओं की ऊपरी त्वचा प्रस्तुत करता है, अन्दर क्या हुआ? एक निर्धन फोटोग्राफर के पास इक्कीस हजार रुपये कैसे आ गए, किसने दिए और क्यों? छह साल की दौड़-धूप में उसे ये रुपये नहीं मिले, और उसी समय क्यों मिले जब उसने अपनी कला का असामाजिक उपयोग किया। इस विकृत घटना के पीछे कितनी बड़ी ट्रैजेडी छिपी है, किसे इन बातों में दिलचस्पी है? इन्सान की सभ्यता अभी तक घटनाओं की ऊपरी त्वचा पर फिसलने की सभ्यता है।

करीम खाँ को भी इससे अधिक खोज करने की लगन नहीं थी। वह तो इसी बात में मगन था कि उसे अपनी बेटी की फीस के लिए दस रुपये मुफ्त में मिल गए थे। उसकी आठ साल की बच्ची मसर्रत जहाँ भी बहुत मगन थी। अब फीस न देने पर उसकी टीचर क्लास-रूम में उसका नाम नहीं पुकारेगी और उसे अपनी सहेलियों के सामने लज्जित नहीं होना पड़ेगा।

सफेद सलवार के ऊपर हरे रंग की धुली फ्राक पहनकर, बस्ता बगल में दबा, अपनी अम्मी से बस के आने-जाने के पैसे लेकर और मुझे अपनी जेब में सावधानी से रखकर मसर्रत जहाँ खुशी-खुशी स्कूल चली। बस के अड्डे से स्कूल का फासला दस मिनट का था। पर मसर्रत जहाँ पैदल चलना पसन्द करती थी, इस तरह से वह बस के बीस पैसे बचा लेती और अपनी सहेलियों के संग भेल-पूरी खा सकती थी। बस के अड्डे से आगे जाकर उसने टर्नर रोड का नाका पार किया और फिर मुमताज अली पार्क के बीचोंबीच चलती हुई दस नम्बर की

सड़क पर जा निकली, यहाँ पर सुबह के ट्रैफिक की बहुत भीड़ थी। इत्तफाक से आज आटोमेटिक बत्तियाँ भी खराब थीं और चौक का सन्तरी चौराहे से दूर एक लारी और एक टैक्सी के एक्सीडेण्ट के सिलसिले में व्यस्त था। इसलिए चौराहे पर और भी गड़बड़ पैदा हो गई, बसों की लम्बी कतारें, दफ्तर को भागने वालों के तेज कदम, प्राइवेट गाड़ियों की पों-पों। मसर्रत जहाँ चौथा नाका पार करते हुए कुछ घबरा-सी गई। हर पल इधर-उधर से गाड़ियाँ आ-जा रही थीं। लोग चौक ऐसे पार कर रहे थे जैसे बहते हुए तेज पानी से गुजरते हैं। इतने में एक अधेड़ उम्र के व्यक्ति ने उसका हाथ पकड़ लिया और पुचकारकर बोला—मेरी अँगुली पकड़ ले, तुझे चौक पार करा दूँ। डरती हुई मसर्रत जहाँ को उसने बेखटके चौक पार करा दिया। अब वह फुटपाथ पर चल रही थी। उस अधेड़ उम्र के आदमी ने उसका हाथ छोड़ दिया, अब वह इधर-उधर देखता हुआ उसके साथ चल रहा था।

—तेरा नाम क्या है बेटी?

—मसर्रत जहाँ।

—कहाँ पढ़ती हो?

—नेशनल स्कूल में।

—कौन-सी क्लास में?

—थर्ड स्टैण्डर्ड।—अधेड़ उम्र का आदमी मुस्कराया। वह बड़े प्यार से नन्हीं मसर्रत जहाँ की तरफ देख रहा था। जैसे वह उसकी अपनी ही बेटी हो। फिर उसने पूछा—तेरा स्कूल तो करीब होगा यहाँ से?

—हाँ! बाईं ओर के दो मोड़ पार करके आएगा।

अधेड़ आदमी ने उसे फिर अँगुली से पकड़ लिया। चलते-चलते रुककर उसने एक कार की तरफ इशारा करके कहा—मुझे तो बहुत आगे जाना है, मगर तुझे रास्ते में स्कूल के दरवाजे पर उतार दूँगा।

अभी मसर्रत जहाँ कुछ कह नहीं पाई थी कि उस अधेड़ आदमी ने मसर्रत जहाँ को बड़े प्यार से पुचकारकर अपनी बाँहों में उठा लिया और गाड़ी में लेकर बैठ गया। उसके बैठते ही गाड़ी चल दी। बाईं ओर

का पहला मोड़ गुजर गया, फिर दूसरा मोड़, फिर स्कूल की बिल्डिंग आ गई। मसर्रत जहाँ चिल्लाई।

—गाड़ी रोको। ये रहा मेरा स्कूल।

मगर गाड़ी नहीं रुकी।

गाड़ी रोको न—मसर्रत जहाँ उसका कन्धा हिला-हिलाकर कहने लगी। —मेरा स्कूल तो पीछे रह गया है।

गाड़ी तेज करो—अधेड़ उम्र के आदमी ने ड्राइवर को हुक्म दिया।

मसर्रत जहाँ भयभीत होकर चिल्लाने को ही थी कि उसके मुँह पर अधेड़ आदमी ने अपना मजबूत हाथ रख दिया और उसकी गर्दन पर जोर देकर उसे अपनी गोद में औंधा लिटा दिया। कई बार मसर्रत जहाँ ने चीखने की कोशिश की मगर अधेड़ आदमी का हाथ लोहे के ढकने की तरह उसके मुँह पर पड़ा था।

अगले एक घंटे में गाड़ी कई पेचदार रास्तों से गुजरती रही और अन्त में शहर के बाहर एक पुराने बँगले के पोर्च में जाकर रुक गई। मसर्रत जहाँ को गाड़ी से निकालकर अन्दर के एक कमरे में ले जाया गया जहाँ एक गठीला गुण्डा गहरे नीले रंग की पतलून पर गहरे भूरे रंग की जर्सी पहने हुए बैठा था।

ले आए?—उसने लड़की को देखकर कहा।

जी हाँ—अधेड़ आदमी ने जवाब दिया।

भूरी जर्सी वाले आदमी ने उठकर बड़े प्यार से मसर्रत जहाँ के सिर पर हाथ फेरा और बोला—इसे कोकाकोला पिलाओ, जो खाने को माँगे दो, इसे किसी तरह की तकलीफ नहीं होनी चाहिए। बड़ी प्यारी बच्ची है ये। मैं अभी टेलीफोन करके आता हूँ।

मसर्रत जहाँ सिसकने लगी।

—नहीं। मैं कोकाकोला नहीं पीऊँगी, मैं घर जाऊँगी, अपनी अम्मी के पास।

हाँ! हाँ, बेटी तुझे अम्मी के पास भेज देंगे बल्कि तेरी अम्मी को भी यहीं बुला लेंगे—भूरी जर्सी वाले ने उसे पुचकारकर कहा।

मैं अभी टेलीफोन करके आता हूँ।—भूरी जर्सी वाला आदमी बाहर की गाड़ी स्टार्ट करके ले गया। रास्ते के दो-तीन टेलीफोन बूथ छोड़ता हुआ अन्त में एक सुनसान नाके के पब्लिक टेलीफोन बूथ में घुसकर फोन करने लगा।

—हैलो! 900871!

—हैलो!

—हाजी मुस्तुफा के घर से बोलते हैं?—भूरी जर्सी वाले ने पूछा।

—हाँ, वहीं से बोलते हैं, तुम कौन हो?

—हाजी मुस्तुफा को फोन पर भेजो।

—वो तो घर पर नहीं हैं, मिल में गए हैं, तुम कौन हो?

—तो हाजी साहब की बेगम साहिबा को भेजो।

—मैं हाजी साहब की बेगम साहिबा ही बोल रही हूँ, तुम कौन हो?

—मैं बोलता हूँ! आपकी बच्ची मसर्रत जहाँ क्या स्कूल नहीं गई?

स्कूल तो गई है—बेगम साहिबा ने घबराकर कहा—क्यों?

स्कूल तो नहीं पहुँची।—इधर से आवाज आई।

उधर से एक चीख की आवाज आई—स्कूल नहीं पहुँची? क्या तुम स्कूल से बोलते हो?

—नहीं, मैं स्कूल से नहीं बोलता, दूसरी जगह से बोल रहा हूँ। आपकी बच्ची मेरे पास है। जिन्दा है। बिलकुल ठीक-ठाक है। पर बेगम साहिबा कान खोलकर सुनो—आज शाम के छह बजे किड्डर पाइण्ट के समुद्री तट पर जिधर नारियल के चार झाड़ खड़े हैं उस जगह एक बड़े काले पत्थर के ऊपर एक्स का मार्क चाक से लिखा होगा। उस काले पत्थर के नीचे आज शाम के छह बजे पच्चीस हजार रुपये रख दो, सौ के नोट नहीं होने चाहिए सिर्फ दस के हों। पुलिस को खबर नहीं करना, किसी को साथ नहीं लाना। अगर आज शाम के छह बजे हमको पच्चीस हजार रुपये मिल गए तो तुमको आज रात ही तुम्हारी लड़की वापस मिल जाएगी।—भूरी, जर्सी वाले ने टेलीफोन रख दिया, जवाब

की प्रतीक्षा किए बिना बूथ से निकलकर उसने बड़े धीरज से एक सिगरेट जलाया, वापस चलकर गाड़ी में बैठा, बड़े इत्मीनान से बँगले में पहुँचा। जाते ही उसने अधेड़ आदमी से कहा—छह बजे किड्डर पाइण्ट पर पहुँच जाना, मैंने टेलीफोन कर दिया है।

दिन-भर मसर्रत जहाँ उसी कमरे में बैठी रही। अगर उसे प्यास लगी तो उसे कोकाकोला दिया गया। भूख लगी तो अच्छे-से-अच्छा भोजन कराया गया। खेलने के लिए उसे गुड़िया और खिलौने भी दिए गए। अब मसर्रत जहाँ का डर बहुत कम हो गया था, फिर भी वह नजर बचाकर बार-बार अपनी जेब में हाथ डालकर मुझे थपथपा लेती थी। कोई साढ़े सात बजे अधेड़ आदमी किड्डर पाइण्ट से लौटा, निराशा उसके चेहरे पर लिखी थी। उसके चेहरे को देखते ही भूरी जर्सी वाले आदमी ने पूछा—हाजी नहीं आया?

कोई नहीं आया—भूरी जर्सी वाला बड़ी परेशानी से कमरे में टहलने लगा। उसका गुस्सा बढ़ता जा रहा था। उसकी सूरत देखकर मसर्रत जहाँ सहम गई।

अब क्या करें?—अधेड़ आदमी ने परेशान होकर पूछा। फिर जेब से एक चाकू निकालकर बोला—इसको खलास करूँ?

चाकू के नंगे फल को देखकर, डर के मारे मसर्रत जहाँ की घिग्घी बँध गई।

नहीं—भूरी जर्सी वाला टहलते हुए बोला—जरूर कोई 'मिस्टेक' है, तुम जाकर हाजी के बावर्ची से पूछो।

बहुत रात गए अधेड़ आदमी वापस आया। मसर्रत जहाँ को उस समय तक भूरी जर्सी वाले ने खाना खिलाकर सुला दिया था और खुद उसके पलंग के पास एक कुर्सी पर बैठा ऊँघ रहा था कि बाहर पोर्च में गाड़ी आने की आवाज सुनकर चौंक पड़ा। अधेड़ उम्र के आदमी ने अन्दर आकर हाँफते-हाँफते कहा—मसर्रत जहाँ तो अपने घर में है, हाजी के घर में, बाहर पुलिस का पहरा लगा है, मैं तो अन्दर गया नहीं, उसका बावर्ची किसी काम से बाहर निकला तो मैंने उससे पूछा क्या

मसर्रत जहाँ आज स्कूल नहीं गई? वह बोला—गई तो थी और तुम लोगों के टेलीफोन करने के बाद बड़ा हो-हल्ला मचा, खुद हाजी स्कूल गया पुलिस को लेकर, मगर मसर्रत जहाँ तो स्कूल में मौजूद थी। वह उसे लेकर घर चला आया।

तो फिर यह लड़की कौन है?—भूरी जर्सी वाले ने अधेड़ से पूछा।

मालूम नहीं—वह अधेड़ उम्र का आदमी आश्चर्य से बोला—इसने भी अपना नाम मसर्रत जहाँ ही बताया था।

भूरी जर्सी वाले ने एक तेज झटके से सोई हुई मसर्रत को जगा दिया। वह घबराकर उठ बैठी।

ऐ लड़की, तेरा नाम क्या है?—भूरी जर्सी वाले ने कड़ककर पूछा।

—मसर्रत जहाँ।

—क्या तेरे स्कूल में तेरे नाम की और भी कोई लड़की पढ़ती है?

—पर वह तो सेक्शन 'बी' में है।

—क्या उससे तेरी सूरत मिलती है?

थोड़ी-थोड़ी मिलती है—मसर्रत जहाँ मुस्कराकर बोली—पर उसका बाप तो हाजी मुस्तफा है और वह तो गंजा और चेचक मारा है, और मेरे बाप का नाम तो करीम खाँ है और वो गोलबोल में वेटर है।—मसर्रत जहाँ ने बड़े गर्व से कहा।

एकाएक भूरी जर्सी वाला अपनी कुर्सी से उठ खड़ा हुआ। उसने घूरकर अधेड़ आदमी की तरफ देखा। वह सहमकर पीछे हटने लगा। पर इतने में भूरी जर्सी वाले ने उसके मुँह पर इतने जोर से घूँसा मारा कि वो कई पटखनियाँ खाता हुआ फर्श पर लोटने लगा, और उसके मुँह से खून निकलने लगा।

साला जो काम करता है, कच्चा करता है।—भूरी जर्सी वाले ने कड़ककर कहा,—आज तेरी 'मिस्टेक' से पच्चीस हजार का नुकसान हो गया—गोली मारने को जी चाहता है।

अधेड़ आदमी फर्श पर गिरा और चुपचाप अपने होंठों से लहू पोंछने लगा।

रात के दो बजे तक करीम खाँ के घर में कोई नहीं सोया था। करीम खाँ की बीवी दोहत्थड़ मार-मारकर रो रही थी। रोते-रोते उसकी आँखें सूज गई थीं, और आवाज बैठ गई थी। पड़ोस की दो बूढ़ी औरतें उसे दम-दिलासा देने की बेकार कोशिश कर रही थीं। करीम खाँ के दोनों लड़के अपनी बहन के लिए रो रहे थे। एकाएक दरवाजे पर दस्तक हुई। करीम खाँ ने आगे बढ़कर दरवाजा खोला। पुलिस का एक सिपाही मसर्रत जहाँ को अँगुली से लगाए खड़ा था और मुस्कराकर कह रहा था—रामपीठा के नाके पर ये मुझे मिल गई, रोती हुई इधर आ रही थी। पहले मैं इसे थाने ले गया, इसका बयान लिया, अब तुम्हारे पास लेकर आया हूँ। सँभालो अपनी बेटी को।

वह अपनी बात पूरी भी न कर सका बीच ही में खुशी की चीख मारकर करीम खाँ की बीवी ने अपनी बेटी मसर्रत जहाँ को गले से लगा लिया। वह उसका मुँह चूमती जाती थी और जोर-जोर से रोती जाती थी।

मसर्रत जहाँ के दोनों भाई, उसका अब्बा करीम खाँ और पड़ोस की बूढ़ी औरतें सब मसर्रत जहाँ के करीब इकट्ठी होती गई थीं और मसर्रत जहाँ बड़े गौरव से कह रही थी—अम्मा। अम्मा। देखो मैंने दस का नोट बचा लिया। गुण्डों की नजरें बचाकर शलवार के नेफे में उड़स लिया था।

मसर्रत जहाँ ने नेफे से निकालकर मुझे सबको दिखाया। ठीक उसी समय करीम खाँ ने वह नोट मसर्रत के हाथों से छीन लिया और पुलिस के सन्तरी को देकर बोला—अल्लाह का लाख-लाख शुक्र है सन्तरी साहब तुम मेरी बच्ची को सलामती से घर ले आए।

सन्तरी ने मुझे तह करके अपनी जेब में रखा और करीम खाँ को सलाम करके घर से बाहर निकल गया।

5

अगले दो दिन पुलिस सन्तरी आठोले की बीवी दमयन्ती ने मुझे बहुत सँभालकर रखा क्योंकि उसे राशन लाना था, मगर दस रुपयों में राशन नहीं आ सकता था, क्योंकि खाने वालों की गिनती दस से ऊपर थी। अगले रोज आठोले दो रुपये कहीं से लेकर आया, अगले दिन तीन रुपये। इस तरह जब पन्द्रह रुपये हो गए तो आठोले की बीवी दमयन्ती हरे रंग की नौगजी साड़ी पहनकर और बालों में वेणी सजाकर राशन की दुकान पर गई। मुझे और मेरे छोटे भाइयों को देकर घर के लिए राशन लाई। अनाज वाले बनिए ने हमें बैंक में डाल दिया, जहाँ से श्याम सुखनानी एक सिन्धी वाच मर्चेण्ट ने आठ सौ सत्तर रुपयों का एक चेक भुनवाया। खजांची ने दूसरे नोटों के साथ मुझे भी उसे दे दिया। सिन्धी वाच मर्चेण्ट अपनी गाड़ी बैंक तक नहीं लाया था क्योंकि इस सड़क पर 'नो एण्ट्री' का बोर्ड था, उसने अपनी गाड़ी चौक के ईरानी की दुकान के सामने खड़ी कर रखी थी और वह चेक भुनाकर उधर जा रहा था, मगर नाका पार करने के पहले ही फत्तू जेबकतरे ने उसकी जेब पार कर दी और एक टैक्सी में बैठकर शहर के अन्दर रवाना हो गया। सस्ता मार्केट में पहुँचकर उसने सत्रह रुपये की एक साड़ी ली, अपने लिए नौ रुपये की एक पतलून और सात रुपये की शर्ट खरीदी, रग्घू पान वाले से कोकीन वाला स्पेशल पान खाया, फिर

टैक्सी लेकर बटाटा वाली चाल में दौलत खान पठान को साठ रुपये कर्जे के वापस देने को गया। फिर टैक्सी पकड़ी और गुलशनाबाद लेन की आठ नम्बर चाल में बासन्ती की खोली में पहुँचा।

कब से उसकी नजर बासन्ती पर थी और बासन्ती भी उसकी नजरें पहचानती थी, मगर बासन्ती बहुत महँगी लौंडिया थी। हालाँकि एक चाली में रहती थी मगर उसके छोटे-से कमरे में सब कुछ था। एक रेडियो, एक रिकार्डर, एक ट्रांजिस्टर, बिजली का पंखा, फर्श पर गलीचा, पलंग पर फोम रबर, वह सब कुछ जो जवान, सुन्दर, गरीब मगर बिकाऊ बासन्तियों को बीस-बाईस की उम्र तक मिलता रहता रहता है।

दिन-भर वह बासन्ती के साथ रहा। शाम को उसे पिक्चर ले गया। रात को भी वहीं रहा। शाम को उसे सर्कस दिखाने ले गया। दूसरी रात भी वहीं रहा, तीसरे दिन की दोपहर से बासन्ती को कहीं और जाना था इसलिए दोपहर का खाना खाकर वह उससे विदा हुआ। तीनों दिन वह पीता रहा था और बासन्ती को पिलाता रहा था। वह दोनों ताश खेलते रहे और बासन्ती को पाने की खुशी में फत्तू बराबर हारता गया था। फिर भी सब-कुछ दे-दिलाकर जब वह बासन्ती की खोली से निकला तो उसकी जेब में साढ़े छह सौ से कुछ ऊपर की रकम थी। गुलशनाबाद से निकलकर उसने फिर टैक्सी की। जेठा भाई के जुआखाने पर पहुँचा कि बासन्ती पर खर्च की हुई रकम को पूरा कर सके, मगर वहाँ बैठे-बैठे पचहत्तर रुपये और हार गया। अब नशा भी उतरने लगा, घर और बीवी की याद सताने लगी। उसने हाथ रोक लिया और उठकर बाहर चला गया, फिर सस्ता मार्केट पहुँचा। अपनी घर वाली के लिए उसने तेरह रुपये की एक साड़ी ली, चार रुपये का एक ब्लाउज, बाहर निकलकर रग्घू पान वाले से कोकीन का एक स्पेशल पान खाया और बासठ नम्बर की बस पर बैठकर घर की ओर चला।

बस में वह ऊपर बैठा था। यहाँ हवा के हल्के-हल्के झोंके आते

थे और बस के चारों ओर गोया रोशनी के हिंडोले घूम रहे थे। सारी दुनिया पर मस्ती छाई थी और वह बार-बार एक सन्तोषजनक मुस्कान से अपने आस-पास बैठे हुए लोगों को देख लेता था। इस समय उसे ऐसा लगता था जैसे बस में बैठा हुआ हर व्यक्ति उसकी तरह खुश है, जैसे हरेक ने किसी दूसरे की जेब काटी है और अब खुश-खुश घर को लौट रहा है। हवा के महकते हुए झोंकों में उसे नींद-सी आने लगी, दो रातों से वह सोया भी नहीं था। अर्धनिद्रा की स्थिति में उसे बासन्ती का बदन याद आने लगा। दूधिया और रेशमी बिजली का करेंट देता हुआ। क्यों न वह यहाँ से फिर लौट जाए? मगर बासन्ती आज तो मिलेगी नहीं।

सहसा एक झटके से वह चौंककर उठा। बस उसके घर के स्टाप पर खड़ी थी। जल्दी से वह अपनी सीट से चलता हुआ खटखट सीढ़ियाँ उतरता हुआ दोमंजिला बस के निचले दरवाजे से निकल गया। तेज कदमों से चलता हुआ फूल वाले की दुकान पर जाकर रुक गया और अपनी बीवी साजी के लिए फूल खरीदने लगा।

फूल लेकर पैसे देने के लिए जब उसने जेब में हाथ डाला तो उसका हाथ जेब से बाहर दूसरी तरफ निकल गया, साफ बिलकुल साफ, पाँचों अँगुलियाँ बाहर, किसी ने बड़ी चालाकी से उसकी जेब काट ली थी। 'पैसे फिर दे दूँगा' कहकर फत्तू ने फूल हाथ में उठाए और दौड़कर वापस बस के अड्डे पर गया। देर तक इधर-उधर देखता रहा। मगर वह तो उसका अपना इलाका था। यहाँ कोई दूसरा जेबकतरा कैसे पर मार सकता था? जेबकतरे एक-दूसरे के इलाके के सम्बन्ध में इतने ईमानदार होते हैं जितने कि बड़े-बड़े देश और राष्ट्र भी नहीं होते। क्या मजाल कि कोई जेबकतरा किसी दूसरे के इलाके में घुसकर जेब काट ले। अगर जेबकतरे भिन्न-भिन्न प्रदेशों के मुख्यमन्त्री बना दिए जाएँ तो कभी कोई सीमा-विवाद न हो। फिर उसकी जेब किसने काट ली? सिर झुकाए भारी कदमों से चलता हुआ वह अपने घर के दरवाजे पर पहुँचा। दरवाजे पर साजी खड़ी थी।

—तीसरे दिन आए हो तो क्या लाए हो?

फत्तू ने उसे साड़ी दी, ब्लाउज दिया, फूल उसके हाथ पर रखे।

बस?—साजी फौरन बोली—तीन दिन में यही कमाई की तुमने?

कुछ मत पूछ साजी—फत्तू बोला—लोगबाग बहुत चौकन्ने हो गए हैं, अपनी जान से ज्यादा अपनी जेब की रक्षा करते हैं। फिर उसने पूछा—पुलिस का कोई बुलावा आया था?

—हाँ, हाँ, पुलिस का एक सन्तरी आया था, मैंने कहा, वो तो यहाँ है नहीं, पूना गया हुआ है।

—बहुत अच्छा कहा तूने।

—और कहती भी क्या? यह तो सब जानते हैं कि जेबकतरे जब कोई बड़ा माल उठाते हैं तो कई-कई दिन घर नहीं आते, मगर तुम तो तीन दिन के बाद आज भी खाली हाथ आए हो।

फत्तू ने शर्म से सिर झुका लिया। आहिस्ते से बोला—फिर तुमने कोई धन्धा किया?

—दो दिन तक तो कहीं कुछ नहीं मिला। बस आज शाम को बड़ी मुश्किल से एक धन्धा मिला।

फत्तू हैरानी से उसकी ओर देखने लगा। साजी ने फत्तू की कटी हुई जेब अपनी चोली से निकालकर उसके सामने रख दी और शिकायत-भरे स्वरों में बोली—इसीलिए तो कहती हूँ कि जेब काटने के बाद कोई नशा न किया करो, सीधे घर आया करो।

फत्तू के यहाँ मैं करीब-करीब एक माह रहा। हुआ यह कि एक रोज फत्तू मुझे लेकर जुआ खेलने गया और तीस रुपये जीत गया। दूसरे दिन फिर मुझे लेकर गया और फिर अट्ठारह रुपये जीता। उस दिन से वह समझने लगा कि मैं उसके लिए 'लकी' हूँ। वह मुझे हमेशा अन्दर की जेब में डाले फिरता था और कभी अपने-आप से अलग नहीं करता था। जुआखाने में ज्यादा जाने के कारण, उसके मित्र भी मुझे पहचानने लगे थे। मुझे जेब से निकालते ही फत्तू के साथियों का रंग उड़ने लगता। एक बार तो कुम्टे ने मुझ पर बोली लगा दी। फत्तू से

बोला—ये दस का नोट मुझे दे दे, मैं इसके बदले में तुझे बीस देता हूँ।

मैं इसके तीस देता हूँ—धानी बोला।

होते-होते बोली साठ तक बढ़ गई। मगर फत्तू ने मुझे नहीं बेचा। सिर हिलाकर ना कर दी। बोला—अरे ये तो मेरा 'लक्की' नोट है। फिर मुझे चूमकर बोला—ये तो मेरा यार है, आड़े वक्त में यही तो काम आता है, मैं इसको कभी अपने से अलग नहीं करूँगा।

इस बीच में दो-तीन दफा फत्तू पर बड़ा कठिन समय आया। एक बार तो उसे और उसकी बीवी साजी को दो वक्त भूखे रहना पड़ा, फिर भी फत्तू ने मुझे नहीं बेचा। मगर एक दिन जब वह चौंसठ नम्बर की बस से एक आदमी की पाकेट मारकर अड्डे पर उतर रहा था तो विष्णु सन्तरी ने उसकी गर्दन नापी और उसे थाने ले चला। लोग जमा हो गए और उनके पीछे-पीछे चलने लगे। कुछ दूर तक तो भीड़ ने उनका साथ दिया, फिर सब लोग अपने-अपने काम से चले गए और वे दोनों अपने-आपको अकेला पाकर हमदानी के 'चाखाने' में घुस गए। विष्णु ने दो कप चाय का ऑर्डर दिया, और चाय पीते हुए फत्तू से पूछा—बोले आज कितनी कमाई की?

—अरे विष्णु भाई, कमाई का आजकल जमाना नहीं है। दो टेम की रोटी भी मिल जाए तो बस है।

झूठ बोलता है?—विष्णु क्रोध से बोला—दस दिनों से तूने मुझे एक पैसा नहीं दिया।

फत्तू ने मेज के नीचे से अपना बटुआ निकालकर विष्णु के हाथ में थमा दिया। धीरे से बोला—यकीन न आए तो देख लो, चार दिन के बाद एक बटुआ मिला है, उसमें भी सिर्फ साढ़े छह रुपये हैं और लोकल का एक थर्ड क्लास का पास और एम्प्लायमेण्ट एक्सचेंज की एक चिट्ठी कि अभी तुम्हारे लिए कोई नौकरी नहीं मिली, जब मिलेगी तो इत्तिला दे दी जाएगी। ऐसा तो धन्धा मिलता है आजकल, ऊपर से तुम अपना भत्ता माँगता है।

न माँगें तो जिन्दा किस भरोसे पर रहें?—विष्णु चाय का एक बड़ा

घूँट पीकर बीड़ी सुलगाते हुए बोला—घर वाली को कैंसर है, डॉक्टर बोलता है दो साल में ये मर जाएगी।

तो कोई दूसरी छोकरी देखकर रखो—फत्तू ने सलाह दी।

वो तो देखकर रखी है—विष्णु बड़ी उदासी से बोला—पर जब तक घर वाली जिन्दा है, दवा-दारू तो करना माँगता—और आज मुझे इक्कीस रुपये चाहिए उसकी दवा के लिए और तू मुझको देता है साढ़े छह, काहे को ऐसी बैमानी करता है?

और एक खोटा पैसा नहीं है मेरे पास—फत्तू गिड़गिड़ाने लगा।

तो चल थाने। तीन दफा पहले सजा काटकर आया है, अब के दो साल के लिए अन्दर जाएगा—विष्णु ने उसे गर्दन से पकड़ने के लिए हाथ बढ़ाया।

क्या करते हो? क्या करते हो?—फत्तू घबराकर बोला—इधर सब देखते हैं, बेइज्जती हो जाएगी, नाम निकल जाएगा...!

—मैं क्या करूँ? सरकारी हुक्म है, तुझे पाकेट मारते पकड़ा है लेके जाऊँगा।

फत्तू बहुत रोया, गाया, गिड़गिड़ाया मगर जब विष्णु किसी तरह भी नहीं माना तो उसने मुझे जेब से निकालकर टेबिल के अन्दर से विष्णु के हवाले किया। तब कहीं जाकर विष्णु ने उसका पीछा छोड़ा।

चाय पीकर विष्णु पॉय एण्ड पॉय दवा बेचने वाले की दुकान पर पहुँचा। अपनी पत्नी के लिए उसने पन्द्रह रुपये की दवा खरीदी, मुझे ड्रगिस्ट के हवाले किया। काउण्टर पर विष्णु के करीब एक अधेड़ उम्र का अमीर व्यक्ति पाइप पीता हुआ खड़ा था। उसके पास एक नेपाली लड़की खड़ी थी। मालूम होता था शहर में नई-नई आई है—क्योंकि पहाड़ों के गुलाब अब तक उसके कपोलों से उड़े नहीं थे। वह कुछ खुश भी थी, लगता था कि इतना बड़ी दुकान में पहली दफा आई है। आश्चर्य से हर वस्तु को देख रही थी। सेठ ने उसके लिए सेंट खरीदा, साबुन, चोली, यू-डी-कोलीन और एक लिपस्टिक; काउण्टर के सेल्समैन ने छुट्टा देते हुए मुझे भी उसके हवाले कर दिया। सेठ और नेपालिन

दोनों बाहर मोटर में बैठे।

गाड़ी में बैठकर नेपाली लड़की एक-एक चीज को बड़े ध्यान से देखने और छूने लगी।

—ये क्या है?

—सेंट है। बदन पर लगाओगी तो काठमांडू के फूल भूल जाओगी।

—और ये क्या है?

—इसको यू-डी-कोलीन बोलते हैं, इससे बदन ठंडा होता है।

—और ये...?

—ये लिपस्टिक है। इसको होंठों पर लगाते हैं।

कैसे?—नेपाली लड़की ने सेठ की ओर मुस्कराकर पूछा।

जहाँ जा रहे हैं वहाँ मैं खुद इसको तेरे होंठों पर लगाकर बताऊँगा—सेठ नेपाली लड़की के होंठों की तरफ देखकर बोला, जो लिपस्टिक के बगैर भी गुलाब की पंखुरियों-से थे। नेपालिन का शरीर एक पल के लिए थर-थर काँपा। बोली—अगर मेरे गोरखे को मालूम हो गया तो तेरे को खुखरी मार देगा।

वो क्या मारेगा?—सेठ जोरों से हँसा—वो खुद मेरे हाथ से चाँदी की खुखरी खा चुका है।

—क्या?—नेपालिन भौंचक्की-सी सेठ की तरफ देखने लगी। सेठ बोला—हाँ, उसे सब मालूम है।

कुछ देर वह नेपालिन चुप रही, फिर धीरे-धीरे बिलखने लगी जैसे आज उसका शरीर ही नहीं बिका हो उसके देश के पहाड़, वादियाँ, गुलाब, फूल, पेड़, पत्ते, खेत सब बिक गए हों। कागज का एक टुकड़ा माउण्ट एवरेस्ट पर गिरा और दुनिया का सबसे ऊँचा पहाड़ दुनिया की सबसे गहरी दलदल में गिर पड़ा। लावा फट रहा था, मोटर दौड़ रही थी और नेपालिन रो रही थी। कुछ दूर आगे जाकर सेठ ने गाड़ी रुकवा दी, नेपाली लड़की ने आँसू पोंछकर कहा—यहाँ उतरूँ?

नहीं बैठी रहो—फिर सेठ ने अपने ड्राइवर को चालीस रुपये देकर

कहा, सामने की वाइन शाप से बीयर की छह बोतलें ले आओ।

बेर?—नेपालिन बोली—बेर तो हमारे काठमाण्डू के बहुत अच्छे होते हैं।

बेर नहीं बियर—सेठ ने हँसकर कहा।

—बीयर क्या है?

—एक तरह का शर्बत होता है, आज तुझे चखाऊँगा।

शर्बत? अहा जी।—नेपालिन ताली बजाकर बोली—शर्बत तो मैं जरूर पिऊँगी।—वह अब अपने आँसू भूल गई थी।

सेठ उस भोली-भाली नेपालिन को लेकर कहीं चला गया और मैं वाइन मर्चेंट के काउण्टर से एक खद्दरधारी ग्राहक की जेब में आ गया, जिसने हवाई अड्डे की तरफ जाते हुए इस दुकान पर रुककर व्हिस्की का एक अद्धा खरीदा था। अद्धे को चाँदी के फ्लास्क में डालकर और अपने जैकेट की अन्दर की जेब में छिपाकर यह खद्दरधारी हवाई अड्डे से नई-दिल्ली जाने वाले हवाई जहाज में सवार हुआ। हवाई जहाज में वह टायलेट में जाकर चाँदी का फ्लास्क बार-बार अपने मुँह से लगाता था और फिर बाहर आ जाता था। दूसरे दिन उसने रामलीला ग्राउण्ड के भरे जलसे में नशाबन्दी के पक्ष में एक शानदार भाषण दिया। भाषण इतना बढ़िया था कि खुद एक कैबिनेट मिनिस्टर ने जो इस जलसे के अध्यक्ष थे उस खद्दरधारी वक्ता को अपने गले से लगा लिया और यों मैं भी एक पल के लिए अपने देश के कैबिनेट मिनिस्टर के गले से लग गया। उस रोज सोमवार था, देश में अन्न-संकट के कारण यह खद्दरधारी हर सोमवार को व्रत रखता था। चुनाँचे घर जाने के बजाय उस खद्दरधारी ने जलसे के बाद सीधे दरियागंज का रास्ता लिया, व्हिस्की का एक और अद्धा खरीदा और चाचा दे होटल में आकर उसने एक समूचे तन्दूरी मुर्गे का ऑर्डर दिया। चाचा दे होटल के काउण्टर से मैं सरदार उमरावसिंह की जेब में आया जो उसी रात देहरादून एक्सप्रेस से बम्बई आ रहा था, जहाँ आपेरा हाउस के निकट उसकी दो दुकानें मोटर स्पेयर पार्ट्स की थीं।

स्टेशन से उतरकर सरदार उमरावसिंह ने एक टैक्सी ली, घर पहुँचा, तो मालूम हुआ कि उसका छोटा लड़का जो यहाँ आठवीं में पढ़ता था, अचानक हैजे से मर गया। घर में कोलाहल मचा हुआ था। दो तारें तो सरदार को दिल्ली में दी जा चुकी थीं मगर उस समय तो वह गाड़ी में था। वे लोग अब लड़के के शव को श्मशान घाट ले जाने वाले थे कि उमरावसिंह पहुँच गया और रोता-पीटता अपने बच्चे की अर्थी के साथ चला। श्मशान घाट पहुँचकर उन्होंने लड़के के शव को लकड़ियों के ढेर पर रखा और इस तरह मैं सरदार उमरावसिंह की जेब से श्मशान घाट के कार्यकर्त्ता की जेब में पहुँच गया। लड़के का शव जल रहा था मगर मैं उस कार्यकर्त्ता की जेब में सुरक्षित था। क्योंकि ये इन्सान सब-कुछ जला देते हैं, लाशें, किताबें, घर, दुकानें, आशाएँ, खुशियाँ, बसें, रेलगाड़ियाँ तक जला देते हैं मगर नहीं जलाते तो किसी करेंसी नोट को। आज तक किसी इन्सान ने किसी करेंसी नोट को नहीं जलाया।

रात में उस कार्यकर्त्ता की पत्नी को किसी रिश्तेदार की शादी में जाना था। जाना तो उसके पति को भी था पर उसी समय श्मशान घाट में पाँच और लाशें जलने के लिए आ गईं और वह काम छोड़कर न जा सका और उसने अपने बीवी-बच्चों को शादी के घर रवाना कर दिया।

शादी के घर कितनी रौनक थी। झमझमाते रेशमी कपड़े, जरी की साड़ियाँ, रंगारंग बिजली के बल्ब, खुशी से फूलों की तरह खिले हुए चेहरे, मुहब्बत के महकते हुए गीत, और धूम मचाते हुए चंचल बच्चे।

बहू की मुँहदिखाई हो रही थी। श्मशान घाट के कार्यकर्त्ता की पत्नी ने दुलहन का गुलाबी घूँघट जरा-सा उठाकर उसका लजाया हुआ चेहरा देखा और उसके मेहँदी-भरे हाथों में मुझे रख दिया।

कई दिनों तक मैं उस नववधू के सुगन्धित पर्स में पड़ा रहा, क्योंकि दुलहन को कौन पैसे खर्च करने देता। दिन में दो-तीन बार वह पर्स खुलता, दो पतली महीन अँगुलियाँ पर्स में टटोलते हुए आतीं और

सबकी नजरों से छिपकर दुलहन अपना चेहरा देख लेती। और खुले हुए पर्स के अन्दर से हमें भी उसके चेहरे की एक छवि मिल जाती। दूसरे क्षण दुलहन खुद ही अपने सौन्दर्य से शरमाकर जल्दी से वह आईना वापस पर्स में रख देती।

फिर जब सब लोग चले गए और लज्जा और सुरेश का दो कमरों वाला फ्लैट दहेज के सामान से भर गया, जब सुरेश की छुट्टी खत्म हो गई और जब वह पहली बार अपने ऑफिस गया, तो लज्जा ने डरते-डरते मुझे अपने पर्स से निकाला। आज पहली बार वह अपने घर में अकेली है, सब रिश्तेदार जा चुके हैं और अब वह इस फ्लैट की मालकिन है। आज वह पहली दफा अपने पति के लिए भोजन तैयार करेगी।

मुझे एक तिपाई पर रखकर और मुझ पर चाँदी की सुरमेदानी रखकर दुलहन सिंगार-मेज के सामने एक पेंसिल और एक पैड लेकर बैठ गई और खाने का मीनू तैयार करने लगी। आगे आने वाले मीनू जबानी तैयार किए जाएँगे और शायद कई-कई दिन एक ही मीनू चलेगा। मगर यह तो उसका पहला मीनू है और लज्जा मुँह में पेंसिल लेकर सोच रही है कि वह सुरेश के लिए क्या बनाए, गाजर का हलवा या अण्डे का हलवा? खाने का मीनू बनाने से पहले ही वह मीठे का मीनू बनाने लगी, क्योंकि उसे मीठा बहुत पसन्द था। तो फिर क्या हो? फिर क्या हो? गाजर का हलवा या अण्डे का हलवा? कि दोनों? हाँ, दोनों—और उसे सुरेश की माँ ने बताया था कि सुरेश को चने की दाल में कतरे हुए करेले बहुत भाते हैं, बहुत मुश्किल भाजी है, पर वह उसे बनाना जानती है। हाँ, वह दही-बड़े भी बनाएगी, ऐसे खस्ता और नर्म कि सुरेश आश्चर्य से अँगुलियाँ चाटता रह जाएगा। साथ में मूली के पराँठे भी होंगे और शिमला मिर्च का कोरमा—नहीं, नहीं ये तो अधिक हो जाएगा—वह अधिक खर्च भी नहीं करना चाहती थी और कम भी नहीं, ऐसा न लगे कि दावत हो रही है। और दावत न होते हुए भी दावत का मजा आ जाए और खर्चा भी दस रुपयों से अधिक न हो। हालाँकि दस रुपये अधिक हैं, पर आज वह पहली बार अपने घर में

भोजन बना रही है।

कई बार उसने पैड पर खाने का मीनू बनाया और उसे पेंसिल से काट दिया। अन्त में जब भाजी वाली ने तीसरी दफा पुकारा—बीबीजी! तो क्या भाजी नहीं लोगी? तो जल्दी-जल्दी से लज्जा ने एक मिनट में फैसला कर डाला। उसने खूब अच्छी तरह से देख-देखकर सब सब्जियाँ थोड़ी-थोड़ी तुलवा लीं। शिमला मिर्च और मूली, गोभी और गाजरें, धनिया और हरी मिर्चें, प्याज और अदरक, करमकल्ला और मटर।

भाजी वाली ने सब तौलकर कहा—सात रुपये नौ आने होते हैं बीबीजी—होते तो आठ रुपये नौ आने हैं, पर आज तुमसे एक रुपया न लूँगी—आज तुम पहली दफा भोजन बना रही हो अपने पति के लिए इसलिए ठण्डी-ठण्डी बसो सदा सुहागिन रहो बहू।

ममता-भरी बूढ़ी भाजी वाली ने सच्चे दिल से नई दुलहन को आशीर्वाद दिया। और आशीर्वाद देते-देते उसे चालीस बरस पहले अपनी बिदाई का दिन याद आ गया। और उसकी आँखें भीगने लगीं। और लज्जा उस बूढ़ी गरीब भाजी वाली के चरणों में झुक गई और भाजी वाली ने उसे क्षण में मानो अपनी बेटी समझकर अपने गले से लगा लिया। फिर वह टोकरी उठाकर चलने लगी, तो लज्जा घबराकर कहने लगी—ठहरो, और भागी-भागी अन्दर गई, चाँदी की सुरमेदानी के नीचे से उठाकर मुझे बाहर लाई। नई दुलहन ने कुछ इस तरह से शरमाकर मुझे भाजी वाली के सुपुर्द किया जैसे दस के नोट के बजाय एक फूल पेश कर रही हो। वरना लोग तो आजकल दस का नोट यूँ फेंकते हैं, जैसे दूसरे के मुँह पर जूता मार रहे हों। मगर कैसी नरमी और नम्रता थी उस देने में। शायद उस समय मैं नोट नहीं था—एक नवविवाहिता का आभार-प्रदर्शन था। यूँ तो अब तक मैं हजारों हाथों से गुजरा हूँ मगर मैं उस नववधू के उस पवित्र स्पर्श को कभी नहीं भूल सकूँगा जब मुझे उसने अपने कँपकँपाते हाथों से उस भाजी वाली के हवाले किया था। मुझे ऐसा लगा जैसे उस समय मेरे आवारा जीवन की सारी गन्दगी धोयी गई है और मैंने फिर से जन्म लिया है।

6

शाम को घर जाते समय भाजी वाली ने उग्रसेन बनिये से मिट्टी के तेल की एक बोतल खरीदी और मुझे उसके हवाले कर दिया। बनिये ने दुकान बन्द करके घर जाने की बजाय तृप्ति के घर की राह ली। तृप्ति को उग्रसेन हर महीने डेढ़ सौ रुपया देता था और डेढ़ सौ रुपया उसका दोस्त शान्तिलाल देता था। शान्तिलाल भी एक बनिया था और उसी बाजार में तीस-चालीस दुकानें छोड़कर उसकी भी दुकान थी।

उग्रसेन और शान्तिलाल की दोस्ती अजीब ढंग की दोस्ती थी। दोनों मिलकर एक रखैल को पाल रहे थे और सप्ताह के दिन बाँट लिए थे। दोनों मिलकर कभी ठेका भी लेते। कभी अलग होकर एक-दूसरे को काटने की भी कोशिश करते। कभी एक जीत जाता कभी दूसरा; कभी दोस्ती हो जाती कभी दुश्मनी और उनका ये नाता मुहब्बत और नफरत के बीच डोलता रहता।

आजकल उग्रसेन शान्तिलाल से कुछ ज्यादा ही नाराज था। शान्तिलाल ने मिलिट्री को घी सप्लाई करने के लिए पौने दो लाख की बोली देकर वह ठेका ले लिया था, जो दो लाख में उग्रसेन के पास था। और चार साल से उसी का टेण्डर मंजूर हो रहा था। पच्चीस हजार घटाकर शान्तिलाल ने मानो उग्रसेन की पीठ में भला मारा था। तरह-तरह से उग्रसेन इस चोट को भूलने की कोशिश करता पर

शान्तिलाल की ओर से उसका दिल साफ न हुआ। इसलिए जब वह तृप्ति के घर पहुँचा और उसने शान्तिलाल को पहले से बैठा हुआ पाया और उसको तृप्ति और उसकी दस साल की छोटी बहन सोना के साथ पत्ते खेलते हुए देखा तो उसका गुस्सा और भी भड़क गया। गरजकर बोला—आज तो मेरी बारी है।

नहीं मेरी बारी है—शान्तिलाल बड़े इत्मीनान से पत्ता चलाते हुए बोला।

—तुम झूठ बोलते हो।

मैं झूठ नहीं बोलता—शान्तिलाल ठण्डे मिजाज का आदमी था। धैर्य से बोला—तुम्हारी बारी तो कल थी—पूछ लो तृप्ति से।

तृप्ति के लिए बड़ी मुश्किल थी। एक को खुश करती है तो दूसरा हाथ से जाता है। दूसरे को नाराज करती है तो पहला नाराज हो जाता है। उसने एक हाथ से शान्तिलाल का हाथ जोर से दबा दिया और उग्रसेन की तरफ झुककर बोली—उग्रू! तुम तो सचमुच कल आने वाले थे—मैंने बहुत देर तुम्हारी राह देखी। कल तो मैंने तुम्हारे लिए खोया डालकर खीर बनाई थी, मगर तुम आए ही नहीं।—इतना कहकर तृप्ति ने एक तरफ के गाल से अपना गाल लगा दिया और दूसरी तरफ शान्तिलाल के हाथ पर जोर से चुटकी काटी, गोया उससे कह रही है—देखो तो कैसा बनाती हूँ।

उग्रसेन तृप्ति के गालों का स्पर्श पाकर प्रसन्न हुआ। क्रोध पर काबू पाते हुए बोला—कल तो रामनवमी थी—मैं कैसे आता, तुम्हें तो मालूम है कि त्यौहार के दिन घर वाली मुझे कहीं जाने नहीं देती।

मुझे क्या मालूम—तृप्ति ने इठलाकर कहा—अपने घर तो हर रोज त्यौहार रहता है।

शान्तिलाल भी हँसकर बोला—बैठकर आराम से दो घंटे हमारे संग पत्ते खेलो—कल आ जाना।

—हाँ। कौन-सी मैं भागी जा रही हूँ।

तृप्ति ने एकाएक उग्रसेन से अलग होकर अपना बदन छुड़ा लिया

और अपनी बड़ी-बड़ी आँखें बार-बार झपकाकर बड़ी अदा से उग्रसेन की तरफ देखने लगी।

शान्तिलाल ने ठर्रे की दूसरी बोतल मँगाई और चारों ताश खेलने लगे एक आना पाइण्ट। ताश खेलते-खेलते उग्रसेन हारने लगा। इस पर शान्तिलाल ने मुस्कराकर यह सूचना दी कि उसने मिलिट्री को अनाज सप्लाई करने का ठेका भी ढाई लाख का टेण्डर भरकर हासिल कर लिया है। इस पर उग्रसेन भौचक्का रह गया। थोड़ी देर तक चुपचाप शान्तिलाल को घूरता रहा, फिर पत्ते फेंककर बोला—यह खबर कि ठेका खाली है सबसे पहले मैंने तुम्हें दी थी और उसी रोज यह भी तय हुआ था कि हम दोनों मिलकर इसका टेण्डर भरेंगे।

इसके बाद तुमने इस सिलसिले में कोई बातचीत नहीं की—शान्तिलाल ने उत्तर दिया—तो मैं समझा तुम्हारा इरादा बदल गया है, इसलिए मैंने अपनी तरफ से टेण्डर भर दिया।

पर तुझे तो कहा था कि मैं सात दिन में सोचकर बताऊँगा—उग्रसेन गुस्से से बोला।

कहा होगा, मैं भूल गया हूँगा—शान्तिलाल भी गर्म होकर बोला—कौन-सी बात है इसमें मिर्चें लगने की? टेण्डर तो खुलते ही रहते हैं, तुम अगले साल टेण्डर भर देना।

वास्तव में टेण्डर तो उग्रसेन ने भी भरा था। पर शान्तिलाल को नहीं बताया था। वह शान्तिलाल को साझेदारी के चकमे में रखना चाहता था और खुद अपना टेण्डर अकेले-भरकर मंजूर करवा लेना चाहता था। मगर यहाँ पर भी शान्तिलाल ने उसे मात दे दी। क्रोध तो उसे बहुत आया। पर करता क्या? दाँत पीसकर रह गया। बोला—मैं घर जाता हूँ, तुम बोलो, कितना हारा मैं?

इक्कीस रुपये—शान्तिलाल ने कहा।

इक्कीस रुपये नहीं ग्यारह रुपये होते हैं।—उग्रसेन बोला।

—नहीं इक्कीस रुपये होते हैं, हिसाब कर लो।

—हिसाब क्या करूँ मुझे सब याद है—पकड़ो अपने ग्यारह रुपये।

—ग्यारह रुपये नहीं पूरे इक्कीस रुपये लूँगा। चाहो तो हिसाब कर लो।

हिसाब करूँगा मैं तुम्हारे ऐसे बेईमान से जो दोस्त बनकर धोखा देता है।—इतना कहकर उग्रसेन दस रुपये के एक नोट को यानी मुझे शान्तिलाल की तरफ फेंककर बोला—मैं थूकता भी नहीं तुम्हारे ऐसे गन्दे हिसाबिये पर।

शान्तिलाल भी गुस्से में उठ खड़ा हुआ, उसका काला मुँह गुस्से से और भी काला पड़ गया था—तुमने मुझे बेईमान कहा? मुझ पर थूकते हो? तुम मुझ पर थूकते हो? तो मैं तुम्हारे दस रुपये के नोट पर पेशाब करता हूँ। इतना कहकर शान्तिलाल उसी कमरे के एक कोने में गया और अपनी धोती की एक लाँग खोलकर और सबकी तरफ पीठ करके उसने मुझ पर पेशाब कर दिया। फिर उठकर और मुड़कर और उग्रसेन की तरफ इशारा करके बड़ी शेखी से कहा—वो पड़ा है तुम्हारा दस का नोट, जब जी चाहे उठा लेना।

सहसा उग्रसेन ने उठकर कुर्सी अपने हाथ में ले ली जिस पर वह बैठा हुआ था। मगर तृप्ति ने आगे बढ़कर कुर्सी उसके हाथ से छीन ली।

क्या करते हो? क्या करते हो?—वह गुस्से से चिल्लाकर बोली—मेरे घर में कोई दंगा नहीं होगा—यह शरीफों का मुहल्ला है—क्या तुम चाहते हो मेरे घर में पुलिस आए? मुझे और तुम दोनों को पकड़ ले जाए।

पुलिस का नाम सुनते ही उग्रसेन कुछ ठण्डा पड़ा। तृप्ति ने उसकी कमर से लिपटकर उसको और भी ठण्डा किया। वापस उसी कुर्सी पर बिठाया—शान्ति को घूरा और डाँटा। उसे पकड़कर बाथरूम में ले गई। उसके मुँह पर पानी की छींटे मारे। उसे नीबू का पानी पिलाया, क्योंकि शान्तिलाल ठर्रे की एक पूरी बोतल खत्म कर चुका था और अब उग्रसेन के साथ दूसरी बोतल पी रहा था। बाथरूम से निकालकर वह शान्तिलाल को अपने बेडरूम में ले गई जहाँ चन्द मिनट

के बाद उसके शराबी खुर्राटों की आवाज आने लगी।

उग्रसेन ने ऊपर से तो अपने-आप पर काबू पा लिया था पर अन्दर से वह अभी तक खौल रहा था। कई बार वह घर जाने के लिए तैयार हुआ, मगर तृप्ति और सोना ने उसे नहीं जाने दिया। तृप्ति के इशारे पर सोना उग्रसेन की गोद में बैठ गई और उसके गले में बाँहें डालकर बोली—मुझे एक नया फ्रॉक ले दो।

शान्तिलाल से बोलो—उग्रसेन ने तुरन्त जवाब दिया। अभी उसका गुस्सा दूर नहीं हुआ था।

वे नहीं लेके देते—सोना ने कानाफूसी करते हुए कहा—बड़े कंजूस हैं।

शान्तिलाल की बुराई से उग्रसेन का मूड अच्छा हो गया। सोना का कुँवारा, छरहरा बदन उसकी छाती से लगा था, यह बदन जो चार-पाँच साल बाद पूरी औरत की तरह भर जाएगा। देखने से लगता है कि जवान होकर सोना तृप्ति से अधिक सुन्दर निकलेगी। उग्रसेन ने यह सोचकर बीस रुपये निकाले और सोना को देकर बोला—वह साला क्या देगा—धोखेबाज—लो एक अच्छा-सा फ्रॉफ ले लेना।

सोना ने बीस रुपये जेब में डाले, बड़ी होशियारी से अपनी बड़ी बहन तृप्ति को आँख मारी, उछलकर उग्रसेन की गोद से उतर गई और उग्रसेन के सामने की कुर्सी पर बैठकर उससे कहने लगी—मेरे साथ दस बाजी पत्ते की खेलो।

खेलने की शर्त तय करो—उग्रसेन ने कहा।

सोना बोली—अगर तुम हारे तो जो रकम तुम हारोगे वह सब मैं तुमसे ले लूँगी।

यह तो ठीक है। उग्रसेन ने हँसकर कहा—और अगर मैं जीत गया तो?

तो जो रकम तुम जीतोगे, वह मैं ले लूँगी—यह बात सोना की बड़ी बहन तृप्ति ने उग्रसेन के पास आकर कही।

यानी चित भी तुम्हारी और पट भी तुम्हारी?—उग्रसेन खुलकर

हँसा। उसका सारा क्रोध दूर हो गया। पत्ते फेंटते हुए बोला—चलिए साहब। हम यह दोनों शर्तें स्वीकार करते हैं।

पहली पाँच बाजियों में वह आठ रुपये हारा, वे फौरन सोना ने धरवा लिए। अगली पाँच बाजियों में वह बारह रुपये जीत गया वे तृप्ति ने रखवा लिए। फिर उसकी नजर मुझ पर पड़ी। वह अपनी कुर्सी से उठकर मेरी तरफ आया। मैं अब सूख गया था, उसने अपनी दो अँगुलियों के नाखूनों की मदद से मुझे उठाया और बोला—यह धन तो लक्ष्मी है इसका ऐसा अपमान मैं सहन नहीं कर सकता।—इतना कहकर वह मुझे बाथरूम में ले गया और टोंटी खोलकर बड़ी सावधानी से मुझे धोने लगा।

लाओ इस पर मैं इस्त्री कर दूँ।—तृप्ति बोली—अभी सूख जायेगा।

एक कपड़ा मेरे ऊपर रखकर तृप्ति ने लोहे से इस्त्री की। थोड़ी देर में मैं एक साफ-सुथरे सूखे कुरकुरे नोट की तरह उग्रसेन की जेब में था। चलते-चलते उग्रसेन ने तृप्ति से कहा—तुम कल से इस कमबख्त शान्तिलाल का आना-जाना यहाँ बन्द कर दो। मैं अकेला ही तुम्हें तीन सौ रुपया दे दिया करूँगा।

कल तुम आ रहे हो न?—तृप्ति बड़े प्यार से उसकी कनपटी के बालों से खेलती हुई बोली—कल पक्की बात कर लेंगे।

बहुत अच्छा— कहकर उग्रसेन तृप्ति से अलग हुआ। लेकिन उसे रात-भर नींद न आई। दूसरे दिन जब वह दुकान बन्द करके तृप्ति के घर जाने ही वाला था कि शान्तिलाल का फोन आया।

—हैलो।

—हैलो! गुलशन भाई।

दूसरी ओर शान्तिलाल बड़े रमणीय स्वर में कह रहा था—ऐसा है। मैंने आज से तृप्ति को चार सौ रुपये पर रख लिया है, तुम आज से वहाँ मत जाना—समझे मेरे भाई।

उग्रसेन का खून खौलने लगा तथा उसने कोई उत्तर दिए बिना ही टेलीफोन बन्द कर दिया। थौड़ी देर तक गुस्से में टहलता रहा,

बड़बड़ाता रहा, दाँत कटकटाता रहा। अन्त में जल्दी से दुकान बन्द करके बंसी दादा के अड्डे पर चला गया । बंसी दादा उसे देखकर हैरान रह गया।

—सेठ। तुम, आप क्यों आये, किसी को भेजकर मुझे बुलवा लिया होता।

—काम ही ऐसा था।

—हुक्म करो!

अकेले में बात करूँगा— बंसी दादा उसे कमरे में ले गया। उग्रसेन ने अपनी जेब से नोटों से भरा हुआ बटुआ निकाला और बंसी दादा को दिखाकर बोला—शान्तिलाल को खलास करना माँगता। बोलो क्या लेगा?—वह देखने लगा।

—काम नहीं करने का हो तो भी बोलो।

नहीं, नहीं काम क्यों नहीं करने का है, काम की तो रोटी खाता है—दादा जल्दी से बोला—पर ऐसा है कि बहुत मुश्किल काम है, बहुत पैसा लगेगा।

—तुम बोलो तो।

—एक हजार में खलास करेंगा।

उग्रसेन ने बटुआ खोलकर उसमें से आठ सौ के नोट निकाले, सब दस के नोट थे, क्योंकि सौ के नोट देने में पहचान का डर है। बंसी दादा ने आठ सौ लेने से इनकार कर दिया। बोला—ऐसा है सेठ। ये काम हम किसी दूसरे अड्डे वाले से कराएगा क्योंकि लोकल अड्डे वाले को पुलिस सबसे पहले पकड़ेंगा, इसलिए किसी दूसरे अड्डे वाले को ये काम देंगा, उसकी खातिर के लिए बहुत पैसा देना पड़ेगा—एक हजार से कम में नहीं होगा—हम जास्ती नहीं माँगता है, अपने को तो इस काम में एक पैसा प्राफिट नहीं मिलने वाला है, हम जो भाव तुमसे तय करेगा उसी भाव पर शान्तिलाल को आगे उठा देगा—अपने को एक पैसा नहीं मिलने वाला है इस धन्धे में।

उग्रसेन ने दो सौ के नोट और गिनकर दिए। मैं अब बंसी दादा

की जेब में था। जब उग्रसेन चला गया तो बंसी दादा ने अपने नायब सफदर खाँ को बुलाया और उसे छह सौ के नोट देकर सब मामला समझाकर कहा—तुम यह मामला जोगेश्वरी अड्डे के करतारसिंह को दे दो। हमने एक आदमी को उसके कहने पर खलास किया था, उस पर हमारा खून वाजिब है उसको बोलो और उसके बदले में शान्तिलाल को खलास करके हमारा उधार चुका दे।

नहीं दादा।—सफदरखाँ बोला—ये बड़ा टेढ़ा धन्धा है। करतारसिंह मुफ्त में खलास नहीं करेगा।

—हम कहाँ मुफ्त की बात करता है। छह सौ तुमको दिया नहीं है क्या? करतारसिंह से बात कर लो—हम आज रात पूना जाता है। दो दिन के बाद लौटेगा—इतने में धन्धा निपटा दो।

—अच्छा दादा।

जब बंसी दादा अपनी 'ऐलींबी' (साक्ष्य) पक्की करने के लिए पूना चला गया तो सफदरखाँ ने उन छह सौ रुपयों में से तीन सौ के नोट करतारसिंह को देकर उससे मामला पक्का कर लिया। अब मैं सफदरखाँ की जेब से निकलकर करतारसिंह की जेब में था। करतारसिंह ने अपने अड्डे में पहुँचकर अपने नायब चमकू को बुलाया। उसे पचास रुपये दिए और बाकी के ढाई सौ लेकर खुद लोना वाला चला गया। चमकू ने बदलू को बुलाया। बदलू नाटे कद का फूली हुई नाक और छोटी-छोटी आँखों वाला दस ग्यारह साल का लड़का था। देखने से लगता था कि जब से पैदा हुआ है फाके काटता आया है। साँवला, दुबला, सूखा, ठुण्ठ। गर्दन जरा आगे को बढ़ी हुई। चलते समय उसका सिर एक सूखी डाली पर एक सूखे हुए फल की तरह बार-बार हिलता था। उसकी माँ एक आधी पागल अन्धी बुढ़िया थी। और बाप कत्ल के एक झूठे मुकद्दमे में फँसकर फाँसी पा चुका था। दो बहनें थीं। एक सात साल की, एक पाँच साल की। यानी कि दोनों की उम्र इस कदर कम थी कि वे फारस रोड पर खुद से धन्धा करके अभी कमा भी नहीं सकती थीं। इसलिए घर में सबसे बड़ा बदलू था और उसे ही

सबकुछ करना पड़ता था। चाहे कैसे भी करे। वह एक गहरी काली जंग खाई हुई बदबूदार दुनिया में रहता था जहाँ रोशनी की एक किरण अचानक बिजली की एक लपक की तरह आती थी और कुछ पलों के बाद उसकी दुनिया में पहले से भी ज्यादा अँधेरा छोड़ जाती थी। और कोई दूसरी दुनिया वह जानता नहीं था। भिखारिनें, वेश्याएँ, दलाल, पॉकिटमार, स्मगलर, चोरी से दारू उतारने वाले, मोटरें चुराने वाले, सिर तोड़ने वाले, ताला तोड़ने वाले, टायर गायब करने वाले, चरस, भाँग, कोकीन, अफीम बेचने वाले—यही उसकी दुनिया के वासी थे। और वह किसी ओर-छोर को समझे बिना ही पल-पल जिए जाता था और किसी-न-किसी तरह अपनी अन्धी माँ और दो छोटी बहनों का पेट पालता जाता था। इसके आगे वह कुछ देख भी नहीं सकता था, क्योंकि उसके चारों ओर एक भयानक, जहरीला दलदल का पीला मटमैला गुबार छाया हुआ था।

7

शायद उसके बाप ने उसका नाम बादल रखा होगा। पर वह ऐसा बादल था जो कभी बरस न सका। इसलिए वह बादल से बदलू हो गया। और जब हालात और बदले तो उसका नाम केवल 'छू' पड़ गया। शक्ल से भी वह छछूँदर की तरह दिखाई पड़ता था। चमकू उसे सिर्फ 'छू' कहता था। क्योंकि छछूँदर कहने में बहुत समय लगता है। इतने समय में तो किसी का बटुआ साफ किया जा सकता है।

काए छू?—चमकू बदलू को एक समय से चाकू चलाने का अभ्यास करवा रहा था। बदलू कुछ नहीं बोला, सलाम करके खड़ा हो गया।

—बड़ा धन्धा करेगा?

बदलू की आँखें लालच में चमकने लगीं। गुण्डों की आशा में केवल एक बड़ा धन्धा है—कत्ल—बाकी सब छोटे धन्धे हैं और जिस संसार में बदलू रहता था उस संसार में कातिल, हत्यारे से अधिक किसी और को आदरणीय व्यक्ति नहीं समझा जाता । दादा का जो गुण्डा एक बार सफल 'खून' करके आ जाए उसका अड्डे पर बड़ा सम्मान होता था। परमवीर चक्र प्राप्त करने वाले का भी क्या होता होगा।—पूरा दस रुपया मिलेगा।

बदलू खुशी से चौंक गया। अब तक दिन में भाग-दौड़ करके बड़ी

कठिनाई से रुपया, सवा रुपया होता था। कभी दस-बारह आने ही, कभी फाका भी। आज पूरे दस रुपये मिलेंगे।

वो भी एडवांस में—चमकू ने और लालच दिया।

बदलू के चेहरे पर ऐसी चमक नजर आई जो नेक-से-नेक काम करने वाले के चेहरे पर भी आजकल नहीं दिखाई देती।

चाकू है तेरे पास?—चमकू ने पूछा। बदलू ने उत्तर में चाकू निकाला।

तो आजा मैदान में।—चमकू ने भी अपना चाकू निकाला—आज तेरी ट्राइल लेता हूँ। अगले पन्द्रह-बीस मिनटों में गुरु-चेला जमकर लड़े किन्तु बदलू ने हर वार खाली कर दिया और मौका पाकर अपने चाकू से चमकू की छाती को छू लिया। चमकू ने अपने चाकू का फल तह करके चाकू वापस जेब में डाल दिया। चमकू बदलू की पीठ थपथपाते हुए बोला—ट्राइल में तुम ठीक रहा, पर अब तक असल मौके पर कैसा काम करता है ये देखने का है। चल मेरे साथ।

चमकू ने बदलू को तृप्ति का घर दिखा दिया। शान्तिलाल का घर भी दिखा दिया। वह रास्ता भी बता दिया जिस रास्ते से शान्तिलाल रात के बारह, एक, दो बजे तृप्ति के घर से निकलकर पैदल चलता हुआ अपने घर जाता था। पन्द्रह मिनट का रास्ता था। इन्हीं पन्द्रह मिनट में बदलू को शान्तिलाल को खलास करना था। सब काम समझाकर और 'मुझे' बदलू के हवाले करके शेष चालीस रुपये अपनी जेब में रखकर चमकू वहाँ से चला गया। उस रात कोई तीन बजे का समय होगा। जब शान्तिलाल तृप्ति के घर से निकला तो वह बहुत प्रसन्न था। दो बड़े कारोबारी धन्धों में उसने उग्रसेन को हरा दिया था। अब तृप्ति के सम्बन्ध में तो जैसे उसने अग्रसेन की नाक ही काट डाली थी। रात एक नर्म सुहाने गिलाफ की भाँति उसके चारों ओर लिपटी जा रही थी और वह एक फिल्मी गीत गुनगुनाता हुआ चल रहा था। उसके पीछे-पीछे बदलू दुबका चला आ रहा था।

कई सँकरी और अँधेरी गलियाँ पार करके शान्तिलाल एक खुली

सड़क पर आ गया। यहाँ सड़क के दोनों ओर छोटे-छोटे बँगलों की कतार शुरू हो गई थी। एक ओर आम के घने पेड़ थे, दूसरी ओर कार्पोरेशन वालों ने पाइप बिछाने के लिए एक बहुत बड़ी नाली खोद रखी थी। अभी तक इसमें पाइप नहीं बिछा था।

धीरे-धीरे बदलू अपने और शान्तिलाल के बीच का फासला कम करता जा रहा था, क्योंकि हत्या के लिए यही स्थान उपयुक्त था। यकायक शान्तिलाल रुक गया। बदलू फौरन एक आम के पेड़ के तने के पीछे दुबक गया।

शान्तिलाल ने इधर-उधर देखा सड़क पर सन्नाटा था। रात चुप थी। शान्तिलाल ने गुनगुनाते हुए अपने धोती की लॉग खोली और सड़क के किनारे सड़क की ओर पीठ करके कार्पोरेशन वालों की खोदी हुई नाली में पेशाब करने लगा।

बदलू को ऐसा लगा, जैसे स्वयं शान्तिलाल अपनी हत्या में उसकी सहायता कर रहा है। इससे बढ़िया अवसर नहीं मिल सकता था। बिजली की सी तेजी से बदलू आम के पेड़ के पीछे से निकला और सड़क क्रास करते हुए चाकू का फल खोलते हुए शान्तिलाल की तरफ बढ़ा। गहरी उत्तेजना की दशा में बदलू ने आगे बढ़ते हुए सड़क के किनारे एक पत्थर को नहीं देखा। उससे वह ठोकर खा गया। आहट पाकर शान्तिलाल ने चौंककर पीछे देखा। किन्तु पूर्व इसके कि उसके मुँह से कोई आवाज निकल सके, बदलू उस पर कूद गया और दोनों नीचे पाइप से खाली गहरी नाली में जा गिरे। दो-तीन वार में बदलू ने शान्तिलाल को खत्म कर दिया।

जल्दी-जल्दी बदलू नाली से बाहर निकला, जेब को थपथपाया, दस का नोट गायब था। शायद इस झपट में कहीं गिर गया था या शायद नाली के अन्दर जो संघर्ष हुआ था उसमें नीचे कहीं गिर गया होगा। बदलू फिर नाली में उतर गया। जल्दी-जल्दी अँधेरे में इधर-उधर हाथ मारकर 'मुझे' खोजने लगा। बार-बार उसके हाथ में मिट्टी, रोड़े, कंकड़ आ जाते। एक बार उसका हाथ शान्ति के रक्त से भीग गया।

जल्दी से बदलू ने अपना हाथ खींच लिया। एकाएक उसकी आँखों में आँसू आने लगे। मेरा दस का नोट–? मेरा दस का नोट–वह सिसक-सिसककर अपने-आप से कहने लगा।

वह ऐसी घुटी-घुटी और पीड़ा-भरी आवाज में रो रहा था जैसे लड़के मैट्रिक की परीक्षा में फेल होकर रोते हैं।

दूर से सड़क पर किसी मोटर की रोशनियाँ दिखाई देने लगीं। बदलू का हृदय धक् से रह गया। वह शान्तिलाल की लाश से लगकर दुबक गया और जब मोटर गुजर गई तो उसके पश्चात् भी कई मिनट उसी शव से लगकर मानो बेसुध पड़ा रहा। उसके सारे शरीर में भय की फुरेरियाँ आ रही थीं। बड़ी कठिनाई से उसने स्वयं को सँभाला। नाली से बाहर निकला और बाहर निकलते ही सरपट भागा। सरपट भागता ही गया। समुद्र की ओर। समुद्र के किनारे पहुँचकर भी वह नहीं रुका। वह कपड़ों के संग ही समुद्र में घुस गया और जब उसके सारे कपड़े गीले हो गए और समुद्र ने उसे चारों तरफ से घेर लिया तो उसे शान्ति-सी मिली। देर तक वह पानी में घुसा रहा, फिर बाहर निकलकर तट की रेत पर औंधे मुँह लेटकर काँपने लगा।

रात की सर्दी और सन्नाटे में शान्तिलाल की लाश नाली की खुश्क मिट्टी पर पड़ी-पड़ी ठिठुरने लगी थी। मैं नाली के बाहर सड़क के किनारे आम की एक बाहर निकली हुई जड़ में लटका था और नीचे शान्तिलाल को मृत औंधा पड़ा देख सकता था।

हौले-हौले रात का अँधेरा दूर होता गया। समुद्र से आने वाली वायु तेज चलने लगी। एक वेग भरे झोंके ने मुझे वहाँ से उड़ा दिया। मैंने हवा में कलाबाजी खाई। कई पटकियाँ लीं। हवा के तेज झोंके और थपेड़े मुझे अपने कन्धे पर तैराते हुए नगर की तंग गलियों की तरफ चले। जिधर से शान्तिलाल आया था और जिधर से वह अब कभी न जा सकेगा।

अचानक पहली गली के मोड़ पर मैं एक बूढ़े भिखारी की गोद में जा गिरा जिसने तड़के-ही-तड़के इक्का-दुक्का चलने वालों को

देखकर अपनी विशेष वाणी में बिलखना आरम्भ कर दिया था। बूढ़े भिखारी ने चौंककर 'मुझे' देखा। दृष्टि उठाकर चारों ओर देखा। कोई राही उसके निकट नहीं आया था–फिर यह दस का नोट किधर से आया?

काँपती हुई आँखों से उसने मुझे पहचान लिया तो बूढ़े भिखारी की आँखों में आँसू छलक आए। उसने दोनों हाथ आकाश की ओर उठाकर भक्ति-भाव से कहा–हे भगवान तू बड़ा दयालु है।

कोई उसका नाम नहीं जानता था। सब उसे लक्कड़ बाबा कहते थे। लक्कड़ बाबा कंडाग्राम का रहने वाला था। जब वह कंडाग्राम में तीन बार मैट्रिक फेल हो चुका तो घर से भागकर बम्बई चला आया। बम्बई आकर उसने हर तरह के पापड़ बेले किन्तु कहीं सफलता नहीं मिली और जब फाकों पर-फाके लगे तो उसने हार मान ली और फकीर बन गया।

आज से बीस वर्ष पूर्व कन्दराओं की गुफाओं की यात्रा करते समय उसे लकड़ी की एक मूर्ति मिली थी। केवल सर, मुख, गर्दन और बाएँ कन्धे का एक अंश शेष था बाकी सारा शरीर गायब था। उस लक्कड़ मूर्ति का मुख बहुत भयानक किन्तु विचित्र ढंग से आकर्षक था कि देखते ही आँखों को अपनी ओर खींच लेता था। सर पर जटा, माथे पर तेवरियाँ, बड़ी-बड़ी फैली हुई आँखें और खुले हुए होंठ जिनके भीतर हाथी दाँत के दाँत लगे हुए थे। गर्दन पर नाग के फन का एक हिस्सा बचा था। जिससे विचार उठता था कि यह लकड़ी का बुत सम्भवतः शिव का है और उस समय के भाव मूर्ति के मुख पर अंकित थे जब शिव क्रोध में आ गए थे और संसार को भस्म करने पर तुल गए थे।

लक्कड़ बाबा ने दाढ़ी बढ़ा ली। गेरुए वस्त्र धारण किए। काले रंग की बड़ी-बड़ी मालाएँ अपने गले में डाल ली और इस गली के नुक्कड़ पर जामुन के पेड़ के नीचे आ बैठा। उसने बहुत-से छोटे-बड़े पत्थर एकत्रित करके इस पेड़ के नीचे एक मन्दिर बनाया और मूर्ति

के मुख पर सिन्दूर मलकर उसे मन्दिर के अन्दर रख दिया। सुबह-सवेरे जब सूर्य की पहली किरणें उसके मुँह पर पड़तीं तो सिन्दूरी रंग का लकड़ी का चेहरा वास्तव में क्रोध और आवेश में घूरता प्रतीत होता। उस पर लक्कड़ बाबा देवल के चरणों में बैठे-बैठे कभी-कभी अपना जंग लगा बड़ा-सा चिमटा उठाते और दो-तीन बार धरती पर जोर से पटककर कहते—जला डालूँगा—भस्म कर दूँगा। यह भयानक आवाज सुनकर और शिव का तेज से भरा मुख देखकर लोग राह चलते रुक जाते और झुककर देवल को दण्डवत् करते और अपनी हैसियत के अनुसार चढ़ावा भी चढ़ाते। पहले ही दिन देवल में चार रुपये का चढ़ावा चढ़ा। दो महीने पश्चात् लक्कड़ बाबा इस योग्य हो गया कि कंडाग्राम में अपनी पत्नी को साठ रुपये का मनीऑर्डर कर सके। पाँच सालों में यह पहली कमाई थी जो उसने पहली बार अपनी जीवन-संगिनी की भेजी थी। लक्कड़ बाबा के माता-पिता ने बचपन में ही उसका विवाह कर दिया था। जब वह कंडाग्राम से भागकर बम्बई आया तो अपनी पत्नी की गोद में एक छोटी-सी लड़की छोड़कर आया था। जामुन के पेड़ के नीचे का लक्कड़ देवल आसपास के इलाके में बहुत प्रसिद्ध हो गया, विशेषकर मराठी जनता में—इसी लक्कड़ देवल के कारण लोग उसे लक्कड़ बाबा कहने लगे थे। लक्कड़ बाबा ने जान-बूझकर एक पागल-सी धज बना ली थी और रात-दिन मराठी में अण्ट-शण्ट बोलता रहता था, जिसका अर्थ सट्टे वाले अपने ढंग का लगा लेते थे। इसीलिए दूर-दूर से सट्टेबाज इस देवल के बाबा की पागलों-जैसी हरकतों और बातों से नम्बर निकालने आते थे।

इन बीस वर्षों में लक्कड़ देवल और लक्कड़ बाबा दोनों बहुत प्रसिद्ध हो चुके थे। यह इलाका बहुत गरीब था। फिर भी पन्द्रह-बीस रुपयों का चढ़ावा रोज चढ़ता था। हर मास लक्कड़ बाबा अपने गाँव अपनी पत्नी को दो सौ रुपया मनीऑर्डर करता था और दूसरे-तीसरे साल काशी-यात्रा का बहाना करके कंडाग्राम में भी जाता था जहाँ उसने यह मशहूर कर रखा था कि वह लंका में ड्राई फ्रूट का धन्धा

करता है। इन बीस वर्षों में उसने अपनी लड़की का विवाह करा दिया। दो लड़के और भी हो गए थे। एक मैट्रिक में पढ़ता था और दूसरा कॉलेज में दाखिल हो चुका था। जीवन सुन्दर ढंग से बीत रहा था। अगर वह पढ़-लिखकर आई.ए.एस. भी बन जाता तो क्या इससे ज्यादा पा लेता?

फिर भी उसके मन को शान्ति नहीं थी। जब वह पचास के पेटे में आया तो उसने इस धन्धे को छोड़ने की सोची। किन्तु उसकी पत्नी नहीं मानी। लड़के पढ़-लिखकर काम से लग जाएँ तो छोड़ना। कौन मूर्ख होगा जो अपनी लगी-लगाई रोजी पर लात मारता है? उसकी पत्नी किसी प्रकार अपना दो-सौ रुपये का मनीऑर्डर छोड़ने को तैयार नहीं थी।

फिर चमेली भी थी। क्योंकि हर पुरुष को चाहे वह फकीर ही क्यों न बन जाए सेक्स भी चाहिए और वह कहीं दूसरे-तीसरे साल ही कंडाग्राम जा सकता था इसलिए अब चमेली उसकी जिन्दगी में आ चुकी थी। सुशील, शान्त स्वभाव की विधवा थी। उसकी दो लड़कियाँ पहले पति से थीं और वह बेचारा इनके लिए एक छदाम भी न छोड़ गया था। लक्कड़ बाबा उसे भी एक सौ रुपया महीना देता था। मामला इतनी खामोशी, होशियारी और राजदारी से चल रहा था कि कोई उन पर सन्देह भी नहीं कर सकता था। चमेली भी किसी प्रकार अपने सौ रुपयों से मुँह मोड़ने के लिए तैयार नहीं थी।

किन्तु बीस वर्ष से एक ही स्थान पर बैठे-बैठे लक्कड़ बाबा अपने जीवन से ऊब चुका था। बहुत दिनों से उसका मन भ्रमण करने को बेचैन होने लगा था। उसका दिल देश से बाहर उन मुल्कों की सैर करने को चाहता था जहाँ अब भी प्राचीन हिन्दू संस्कृति के चिन्ह मिलते हैं। बाली का टापू, थाईलैण्ड और अंकुरवट के पुराने मन्दिर और बैंकाक के पगोडा उसकी नजरों में तैरते और वह उन्हें देखने के लिए उतावला हो उठा। काफी समय से वह अपने देवल की आमदनी का एक भाग देवल के नीचे भूमि की मिट्टी की एक हाँडी में दबा रहा था। इसी

हाँडी में उसने 'मुझे' भी डाल दिया, जहाँ मेरी तरह के भाई-बन्द जाने कब से कैद थे। मनुष्य और नोट उसी समय तक किसी मूल्य के समझे जाते हैं जब तक काम करते हैं, चलते-फिरते हैं, हरकत करते हैं और मेहनत करते हैं। वरना मनुष्य मांस का एक लोथड़ा है और नोट केवल कागज का एक पुर्जा। इस सत्य का सही आभास मुझे उस हाँडी में हुआ जहाँ मैं पाँच साल तक कैद रहा। क्या बताऊँ उस हाँडी की सुकड़ी और अँधियारी काल-कोठरी में से मैं बाहर की खुली हवा में और आदमियों के हाथों में घूमने को कितना उत्सुक था। मगर मैं अपने भाई-बन्दों के साथ जमा हो रहा था और यहीं पाँच साल तक इस घुटे-घुटे वातावरण में रहने के पश्चात् मुझे मालूम हुआ कि धन का इस प्रकार जमा होना कि वह केवल एक ही व्यक्ति तक सीमित हो जाए—यह क्रिया इतनी सीमित और दुर्गन्ध से भरी है। उस हाँडी में अब तक तीस हजार की रकम जमा हो चुकी थी। लक्कड़ बाबा का विचार चालीस हजार तक जमा करके अचानक भ्रमण करने के लिए निकल जाने का था। सम्भव है चालीस हजार तक होने में 'मुझे' पाँच साल और कैद रहना पड़ता। मगर इतने में लक्कड़ बाबा अचानक बीमार पड़ गया। लक्कड़ बाबा का स्वास्थ्य प्रायः ठीक ही रहता था और वह कभी-कभी बीमार पड़ता भी तो किसी दवा का प्रयोग नहीं करता था। उसके शरीर का रक्त-प्रवाह इतना शक्तिशाली था कि वह अपने आप ही ठीक हो जाता था। इस बार भी उसने ऐसा ही किया। कोई दवा नहीं खाई। मगर दिन-पर-दिन गुजरते गए, वह अच्छा नहीं हुआ। उसकी छाती का दर्द बढ़ता गया और ताप भी बढ़ता गया और दिन-रात खाँसते-खाँसते वह दुर्बल ही होता गया।

चमेली उसकी दिन-रात सेवा करती थी। एक और भक्त भी आता था, उसका नाम जगन्नाथ था। वह एक फिल्मी एक्स्ट्रा था। मगर फिल्म में काम न मिलने और काम मिलने पर पैसा न मिलने और लगातार फाकों का शिकार होते-होते उसने लक्कड़ बाबा का चेला बनने में अपनी भलाई समझी। वह भी बाबा की सेवा दिन-रात करने

के लिए तैयार था। मगर लक्कड़ बाबा उसे जामुन के पेड़ के नीचे सुलाने के लिए तैयार न था, इसलिए वह केवल दिन में उपस्थित रहता था। शाम होते ही लक्कड़ बाबा उसे वहाँ से भगा देते थे।

चमेली ने बार-बार आग्रह किया कि वह किसी डॉक्टर को दिखाए। एक बार तो वह स्वयं डॉक्टर को लेकर आ गई। परन्तु लक्कड़ बाबा ने डॉक्टर को दिखाने से इनकार कर दिया। जगन्नाथ भी इलाज पर बहुत जोर दे रहा था। मगर लक्कड़ बाबा किसी की नहीं सुनता था। अन्ततः जब ताप सीमा से बढ़ गया तो चमेली और जगन्नाथ दोनों जाकर डॉक्टर को बुला लाए। डॉक्टर ने आकर रोगी को अच्छी तरह उलट-पुलटकर देखा और मुँह लटकाकर बोला–इसे तो डबल निमोनिया है। दशा बहुत बिगड़ चुकी है। कह नहीं सकता कि बचेगा भी कि नहीं। अगले चौबीस घंटे इस पर बहुत भारी हैं। इंजेक्शन लगा देता हूँ, दवा भी लिख देता हूँ। बहुत देख-भाल की आवश्यकता है। लक्कड़ बाबा चौबीस घंटे के बजाय अड़तालीस घंटे और काट गया, किन्तु अच्छा नहीं हुआ। दशा बिगड़ती ही गई। इस काल में दो डॉक्टर बदले गए किन्तु दोनों ने निराशा प्रकट की। अन्तिम डॉक्टर ने तो सिर हिलाकर यहाँ तक कह दिया–रोगी अब 'कोमा' में चला गया है इसके बचने की कोई आशा नहीं है। दो दिन और कट जाएँ, किन्तु इससे अधिक जीवित नहीं रहेगा। बचने की कोई आशा नहीं है।

संयोग से जिस दिन डॉक्टर यह कहकर चला गया उसी दिन नगर में एक बहुत बड़ा जुलूस निकला। हुआ यह कि जब महाराष्ट्र अलग से राज्य बनाया गया उस समय कंडाग्राम नगर और उसके आसपास का इलाका महाराष्ट्र में सम्मिलित नहीं किया गया था। पहले की तरह मैसूर ही के इलाके में शामिल रहा, जबकि उस इलाके की अधिकतर आबादी मराठों की थी। स्वयं लक्कड़ बाबा मराठा था। मराठे एक काल से कंडाग्राम को महाराष्ट्र के इलाके में मिलाने पर जोर दे रहे थे और कर्नाटक के लोग कंडाग्राम के शहर और आसपास के इलाके को अपने प्रान्त से बाहर जाने देने पर तैयार न थे। दोनों ओर बहुत

तनातनी थी और सभाओं, जुलूस, पत्थरबाजी और पर्चा-कार्रवाइयों से नगर के लोगों की भावनाएँ इस सीमा तक भड़क चुकी थीं कि उन्होंने आज नगर बन्द करके एक शानदार जुलूस निकालने का निर्णय कर लिया था।

उधर जुलूस भिन्न-भिन्न आबादियों से गुजरता हुआ लक्कड़ देवल के निकट पहुँच रहा था, इधर लक्कड़ बाबा हजियान की हालत में कुछ कहने की चेष्टा कर रहा था। कहीं पर वह अपनी उपचेतनता में अपने घर को याद कर रहा था जो उसके बाल-बच्चों से सम्बन्धित था। कहीं पर उसकी दृष्टि के सामने वह हँडिया घूम रही होती जिसमें उसकी जीवन-भर की कमाई बन्द थी। परन्तु रोग ने अन्तिम बिन्दु पर पहुँचकर उसकी सारी चेतना उससे छीन ली थी। बार-बार हजियान की दशा में जो शब्द उसके मुँह से निकलते वह सारे समझ में नहीं आते। बार-बार यही समझ में आता और सुनाई देता—कंडाग्राम—कंडाग्राम।

जुलूस के नारे अब निकट आ गए थे और साफ-साफ सुनाई देते थे।

—कंडाग्राम।

—लेके रहेंगे।

—कंडाग्राम।

—लेके रहेंगे।

—कंडाग्राम।

—महाराष्ट्र का है।

—कंडाग्राम को।

—मैसूर से छीन के रहेंगे।

—हँस के लिया।

—महाराष्ट्र धाम।

—लड़ के लेंगे।

—कंडाग्राम।

लक्कड़ बाबा की लाल आँखों में एक हल्की-सी चमक पैदा हुई

बहुत प्रयत्न करने के पश्चात् उसके मुख से निकला—कंडाग्राम।

जुलूस से चलने वाले लोग लक्कड़ बाबा के पास रुक गए। उनमें बहुत-से जोशीले सरफिरे युवक थे। उन्होंने जब लक्कड़ बाबा के मुख से कंडाग्राम का नाम सुना तो बहुत प्रसन्न हुए। एक-दूसरे से कहने लगे—साधू बाबा भी हमारे साथ है—कंडाग्राम का नाम लेता है।

—कंडाग्राम! जिन्दाबाद!!

आगे जाओ—जाओ। चमेली भीड़ को हटाने का प्रयत्न करती हुई बोली—लक्कड़ बहुत बीमार हैं। बुखार उनके सर पर चढ़ गया है। ऐसे ही बोलता है। परन्तु बुखार तो इन नवयुवकों के सर को भी चढ़ गया था। वे आपस में खुसर-फुसर करने लगे। विशेषकर जब चमेली और जगन्नाथ ने हाथ जोड़कर कहा—बाबा बचेंगे नहीं मरने वाले हैं। भगवान के लिए अपने रास्ते पर चले जाओ। यह बाबा तो अब कोई क्षणों के मेहमान हैं।

—बनेंगे नहीं।

—मरने वाले हैं।

—कोई क्षण के मेहमान हैं।

ये वाक्य दोहराते हुए कुछ युवकों ने एक-दूसरे की ओर देखा। एक सरफिरा बोला—मरने वाला तो है ही। साले को जला दो अभी।

—हाँ पेट्रोल छिड़ककर फूँक दो।

—मर जाएगा तो नाम कर जाएगा।

—समाचारपत्रों में निकलेगा एक मराठा साधु कंडाग्राम प्राप्त करने के लिए जलकर मर गया।

—पहले पृष्ठ पर बड़ा-बड़ा लिखा होगा—सरकार को कंडाग्राम अपने को देना ही पड़ेगा।

—फिर देखते क्या हो, लगा दो आग।

नहीं, नहीं—चमेली आखिरी युवक की बात सुनकर चिल्ला पड़ी। किन्तु उसकी किसी ने नहीं सुनी। चमेली और जगन्नाथ को धक्के मारकर वहाँ से हटा दिया।

भगवान के लिए दया करो–भगवान के लिए।–चमेली घुटनों के बल झुककर दया की प्रार्थना करने लगी। इतने में जुलूस के पीछे से एक युवक दौड़ता हुआ आया। उसने पेट्रोल का पूरा डिब्बा लक्कड़ बाबा पर छिड़क दिया। दूसरे ने तीली दिखा दी। तीसरे ने भड़कते हुए शोलों पर और पेट्रोल छिड़क दिया।

क्या करते हो? क्या करते हो?–चमेली अपनी छाती पीटती हुई बोली–अभी तो जिन्दा हैं, जिन्दा हैं।

–कंडाग्राम! जिन्दाबाद!

लक्कड़ बाबा जिन्दा जल रहा था। शोलों की जुबानें कई-कई गज ऊपर तक जा रही थीं। वे जुबानें लक्कड़ बाबा का शरीर चाट-चाटकर उसे राख में मिला रही थीं। जैसे-जैसे शोले ऊपर जाते मजमे का उन्माद और जोश बढ़ता जाता।

–लक्कड़ बाबा! जिन्दाबाद!!–लक्कड़ बाबा! जिन्दाबाद!!–कांडाग्राम! हमारा है!–कंडाग्राम! हमारे प्रान्त का है!!

गगनचुम्बी नारे लग रहे थे। लक्कड़ बाबा का शरीर जल रहा था। आगे जाने वाले जुलूस के बहुत-से लोग पीछे मुड़ आए थे और जामुन के पेड़ के नीचे एक बहुत बड़ा घेरा बनाए खड़े थे। केवल कुछ लोगों ने युवकों को पेट्रोल छिड़कते देखा था। बाकी सभी यही समझ रहे थे कि लक्कड़ बाबा ने कंडाग्राम को महाराष्ट्र में मिलवाने के लिए अपने प्राणों की आहुति दे दी है।

इतने में दो प्रेस फोटोग्राफर भी कहीं से आ गए और धड़ाधड़ इस दृश्य के चित्र उतारने लगे। जीवन में इतना भारी 'स्कूप' उन्हें पहली बार मिला था। कल भारत के सारे समाचारपत्रों के पहले पृष्ठ पर जलते हुए लक्कड़ बाबा का चित्र होगा।

8

जुलूस आगे बढ़ गया, फिर भी पचास के लगभग युवक उस जामुन के वृक्ष के नीचे घेरा बनाए खड़े रहे और उस समय तक खड़े रहे जब तक लक्कड़ बाबा का शरीर अच्छी तरह जलकर राख नहीं हो गया।

फिर बड़े वेग से आँधी आई और आँधी के साथ ही ऐसी मूसलाधार वर्षा कि पल में जलथल हो गया। वायु के वेगपूर्ण झोंके और वर्षा के भारी थपेड़े लक्कड़ बाबा की अन्तिम राख की चुटकी तक बहा ले गए।

प्रातःकाल जब वर्षा थमी तो लोगों ने देखा कि जिस स्थान पर लक्कड़ बाबा पिछले पैंतीस साल से बैठ रहा था वहाँ की सारी भूमि एक मोटी तह तक जल गई है किन्तु लक्कड़ बाबा की हड्डियों तक का चिन्ह बाकी नहीं है। लक्कड़ देवल एक ओर औंधा पड़ा है और उसके नीचे की जमीन खुदी पड़ी है।

रात के अँधेरे में जगन्नाथ चेला लक्कड़ बाबा की आयु भर की कमाई हँडिया में से निकालकर उड़नछू हो गया। केवल हँडिया के टूटे हुए टुकड़े इधर-उधर बिखरे पड़े थे।

इस घटना के तीसरे दिन फेमस बिल्डिंग महालक्ष्मी में एक नई फिल्म कम्पनी का दफ्तर खुल गया–दि कंडाग्राम पिक्चर्ज। और फिल्म कम्पनी के दरवाजे के बाहर भूरे रंग की एक तख्ती पर प्रोप्राइटर का

नाम लिखा था—जे एन.लक्कड़ वाला।

वह व्यक्ति जो कल तक एक फिल्मी एक्स्ट्रा था आज अचानक फिल्म प्रोड्यूसर कैसे बन गया? इस पर किसी को आश्चर्य नहीं हुआ। फिल्मी संसार में तो अक्सर ऐसा होता ही रहता है।

इस घटना से ठीक दस दिन बाद समुद्र के तट पर एक भारी सभा हुई जिसमें हजारों आदमियों ने भाग लिया। यह सभा लक्कड़ बाबा मेमोरियल कमेटी की ओर से थी जिसका सेक्रेटरी जे.एन. लक्कड़ वाला था। कई फिल्मी सितारे और सरकार के मन्त्री इस सभा में सम्मिलित हुए। स्टेज पर लक्कड़ बाबा का एक बहुत बड़ा रंगीन चित्र सुनहरे फ्रेम में रखा था। खिचड़ी दाढ़ी, लम्बी जटाएँ और उज्ज्वल मुख। चित्र बहुत सीमा तक काल्पनिक था। जे.एन. लक्कड़ वाला ने एक फिल्मी चित्रकार को डेढ़ सौ रुपये देकर बनवाया था। इस चित्र के फ्रेम के चारों ओर करेंसी नोटों का एक हार लिपटा हुआ था। एक-एक रुपये के नोट थे। बीच में 'मुझे' भी दस रुपये के नोट को टाँक दिया था। पाँच सौ के नोटों का हार था, जिसे लक्कड़ बाबा के भक्त जगन्नाथ लक्कड़ वाला ने श्रद्धापूर्वक लक्कड़ बाबा मेमोरियल कमेटी को भेंट किया था। इस ऐलान पर सभा में दो मिनट तक तालियाँ पिटती रहीं।

कल्चर मिनिस्टर का भाषण बहुत सुन्दर था। उन्होंने बताया कि प्रायः साधुओं को समाज का एक बेकार अंग समझा जाता है, बल्कि समाज पर एक बोझ। लक्कड़ बाबा ने कंडाग्राम को महाराष्ट्र में मिला देने के आन्दोलन में प्रसन्नता से अपने जीवन की कुर्बानी देकर त्याग, दृढ़ संकल्प, अथक संघर्ष, सत्य और नियम के लिए अटल रहने का ऐसा प्रभावशाली उदाहरण दिया है जिसका विवरण इतिहास में बहुत कम मिलता है, इसलिए इस बात की बड़ी आवश्यकता है कि ऐसी महान आत्मा—इस—इस (यहाँ तक पहुँचते-पहुँचते कल्चर मिनिस्टर का गला रुँध गया)—इस निडर, वीर, अमर सन्त लक्कड़ बाबा की याद को लोगों के दिलों में सदा ताजा रखने के लिए एक ऐसा स्मारक बनवाया जाए जो सन्त बाबा के यश के अनुकूल हो (जोरदार तालियाँ)।

मेयर ने ऐलान किया जिस स्थान पर शहीद ने अपने जीवन का बलिदान किया है वह स्थान कार्पोरेशन के निर्णय के अनुसार लक्कड़ बाबा मेमोरियल कमेटी को प्रदान किया जाता है ताकि उस स्थान पर जहाँ कि लक्कड़ बाबा का लक्कड़ देवल स्थापित था एक पक्का मन्दिर निर्मित किया जाए। इस पर भी सभा में देर तक तालियाँ पिटती रहीं।

मन्दिर बनाने के लिए तीस हजार की रकम नोट, चैक और नकदी के रूप में उसी समय प्राप्त हो गई—और तीस हजार के वायदे भी किए गए। जे. एन. लक्कड़ वाला ने लक्कड़ बाबा की सुनहरी फ्रेम में जड़ी रंगीन तस्वीर को नीलाम करने का ऐलान किया जिस पर पाँच सौ की रकम का हार पड़ा था। पहली बोली उन्होंने स्वयं दी, एक हजार रुपये की।

जब सभा के भिन्न-भिन्न भागों में बोलियाँ दी जा रही थीं उसी समय जे.एन. लक्कड़ वाला डायस पर एक कुर्सी के पीछे पहुँचा जिस पर एक अति सुन्दर नारी बैठी हुई थी। इस नारी को मैंने एकदम पहचान लिया। यह सूज़ी के होटल वाली शहजादी थी जो अब एक प्रसिद्ध फिल्म स्टार बन चुकी थी। जे. एन. ने इसके कान में कहा—इस हार को तुम खरीदो—किसी कीमत पर जाने न देना। इससे तुम्हारी बहुत पब्लिसिटी हो जाएगी।

शहजादी ने बोलियों के बीच में तीन हजार की ऑफर दी। पर जब बोली बढ़कर चार हजार सात सौ हो गई तो उसने पाँच हजार की बोली दी। आखिरकार यह चित्र शहजादी के हिस्से में आया आठ हजार पर।

जब कल्चर मिनिस्टर ने, जो इस सभा के सभापति भी थे, अपने हाथों से महर्षि लक्कड़ बाबा के चित्र को मेज से उठाकर प्रसिद्ध फिल्म स्टार को भेंट किया तो एकदम कई कैमरे खटाखट फोटो खींचने लगे। इस समय तक लोग इतने आवेश में आ चुके थे कि तालियों की आवाज आकाश तक जा रही थी। लोग चिल्ला-चिल्लाकर नारे लगा रहे थे।

—लक्कड़ बाबा! जिन्दाबाद!!

—शहजादी! जिन्दाबाद!!

—इन्कलाब! जिन्दाबाद!!

अन्त में जे. एन. लक्कड़ वाला ने ऐलान किया कि वह लक्कड़ बाबा के जीवन पर ईस्टमैन कलर में एक धार्मिक चित्र बनाने जा रहे हैं। इस चित्र का नाम होगा—सन्त लक्ड़ेश्वर।

इस पर इतने जोर की तालियाँ बजीं कि लगने लगा आकाश की छत उड़ जाएगी।

उसी रात जे. एन. लक्कड़ वाला ने अपने गुर्गों की टोली में, जिसमें ज्यादातर लक्कड़ बाबा मेमोरियल कमेटी के मेम्बर थे, ऐलान किया कि—भाई लोग, फिल्म तो अब बन जाएगी और जब तक मन्दिर बनता रहेगा हमारी फिल्म भी बनती रहेगी। मैंने इस फिल्म में प्रसिद्ध स्टार शहजादी को प्रस्तुत करने का फैसला किया है।

उस रात जे. एन. लक्कड़ वाला ने शहजादी के घर जाकर उसे सात हजार रुपये का एडवांस दिया। दो हजार सफेद और पाँच हजार काला। नोट लेकर फिल्म स्टार शहजादी ने बड़ी अदा से ऐलान किया—मैं फिल्म में काम तो करूँगी मगर कहानी सुनकर। और यदि कहानी मेरी मर्जी के मुताबिक नहीं हुई तो एडवांस वापस कर दूँगी।

—अजी कहानी तो आप पर ही है सारी-की-सारी। बस कहीं-कहीं लक्कड़ बाबा खड़ताल बजाते और भजन गाते नजर आएँगे।

—तो सुनाओ कहानी।

यहाँ क्या सुनोगी कहानी?—जे. एन. मुस्कराकर बोला—मैंने दो दिन के लिए ताज में एक कमरा बुक करा लिया है। वहाँ चलिए मेरे साथ और इत्मीनान से सुनिए कहानी।

कहानी शहजादी को बहुत पसन्द आई। इसके बाद मशहूर फिल्म स्टार शहजादी के विशेष इण्टरव्यू और लेख देश की प्रसिद्ध फिल्मी पत्रिकाओं में छपते रहे। भिन्न-भिन्न शीर्षकों से—'मैं और लक्कड़ बाबा'—'लक्कड़ बाबा के आत्मिक चमत्कार'—मैं कब, क्यों और कैसे

लक्कड़ बाबा से प्रभावित हुई' आदि, आदि। इन लेखों के साथ प्रसिद्ध फिल्म अभिनेत्री शहजादी के बहुत रमणीक, सुन्दर और रंगीन चित्र भी छपे। एक चित्र में वह जोगन बनी बैठी हैं और एक विचित्र आत्मिक श्रद्धा से सन्त लक्कड़ बाबा के चित्र को निहार रही हैं। एक चित्र में वह बाथरूम से नहाकर निकल रही हैं। उनका आकर्षक शरीर बारीक महीन कपड़ों से छन रहा है। वह मन्त्रमुग्ध-सी निकट की दीवार पर टँगे लक्कड़ बाबा के चित्र के सम्मुख हाथ जोड़कर शीश झुका रही हैं–आदि, आदि। इन तस्वीरों और लेखों के छपने से पब्लिक में इस आने वाली पिक्चर के लिए इतनी रुचि बढ़ गई कि पहले दिन की शूटिंग से पहले ही इस चित्र की सारी 'टेरीटरीज' डिस्ट्रीब्यूटरों ने खरीद लीं और 'कंडाग्राम पिक्चर्ज' और जे. एन. लक्कड़ वाला की आर्थिक दशा बहुत मजबूत हो गई। उसने एक गाड़ी खरीद ली, दूसरे चित्र का भी ऐलान किया। अब उसके दिन-रात अधिकतर शहजादी के साथ गुजरते थे। क्योंकि उसने दूसरी पिक्चर के लिए भी उसी के साथ एग्रीमेण्ट कर लिया था।

9

बहुत समय तक मैं शहजादी के ड्राइंग रूम में लक्कड़ बाबा के चित्र के फ्रेम के गिर्द नोटों के हार में टँगा रहा। शहजादी का सबसे छोटा भाई घर का लाड़ला था क्योंकि सबसे छोटा वही था। घर के लोग प्यार से उसे मुन्ना कहते थे।

यूँ तो मुन्ना को उसकी माँ और शहजादी दोनों पाकिट-मनी देती थीं, मगर मुन्ना लाड़ले बच्चों की तरह फिजूलखर्च था। अब उसने अपनी माँ और बहन के अलावा लक्कड़ से रुपया निकालने का ढंग ढूँढ़ लिया था। वह बहुत जहीन बच्चा था और जब कभी उसकी फिजूलखर्ची को रोकने के लिए या उसको सजा देने के लिए उसकी माँ या शहजादी उसकी पाकिट-मनी रोक देतीं या पाकिट-मनी जल्दी खत्म हो जाती और मुन्ना को और जरूरत पड़ती तो वह सबकी नजर बचाकर एक कुर्सी पर स्टूल रखकर किसी-न-किसी तरह लक्कड़ बाबा की तस्वीर तक पहुँच जाता और हाथ जोड़कर कहता—लक्कड़ बाबा! भेलपूरी खाने को जी चाह रहा है, अगर बुरा न मानो तो तुम्हारे हार में से एक रुपया ले लूँ? ले लूँ?

—बस एक रुपया लूँगा और उसके बाद कभी नहीं लूँगा।

इस पर मुन्ना को ऐसे अनुभव होता जैसे लक्कड़ बाबा तस्वीर में से झाँककर उसकी ओर देखकर मुस्करा रहे हैं और उसे हार में से

एक रुपया निकालने की आज्ञा दे रहे हैं। इस पर मुन्ना प्रसन्न होकर लक्कड़ बाबा की तस्वीर को चूम लेता और हार में से एक रुपये का नोट निकालकर चला जाता।

काफी समय तक यूँ ही चलता रहा। कभी भेलपूरी के लिए, कभी बारह मसाले की चाट के लिए, कभी आइस्क्रीम के लिए, कभी गुब्बारे के लिए, कभी खिलौने के लिए, कभी दोस्तों को कर्ज देने के लिए रुपये के नोट हार में से निकलते रहे। पहले-पहल तो पता नहीं चला। फिर हौले-हौले हार खाली होना शुरू हुआ। बीच-बीच में से गंजा होने लगा। ऐसे लगा जैसे पतझड़ का मौसम आ गया। एक दिन मुन्ना साहब ठीक उस समय पकड़े गए जब वह कुर्सी पर तिपाई रखकर नोटों के हार में से मुझे निकाल रहे थे। शहजादी को इससे पहले घर के नौकरों पर शुबहा था पर जब एक नौकर ने मुन्ना को चोरी करते हुए दिखा दिया तो शहजादी ने मुन्ना को कुर्सी से नीचे घसीटकर दो हाथ लगा दिए और नोट उसके हाथ से छीनकर अपने पर्स में डाल लिया बल्कि सारा हार ही नोचकर अपने पर्स में रख लिया।

इस पर मुन्ना शहजादी की गोद में टाँगें हिलाकर मचलने लगा और जोर-जोर से चिल्लाने लगा। इस पर शहजादी ने उसे और मारा और इतना मारा कि अम्मी दौड़ती-दौड़ती ड्राइंग रूम में घुस आईं और मुन्ने को उसकी गोद से छीनकर गुस्से से बोलीं—अरे! अरे! अरे! यह क्या करती हो—अपने ही कोख के जाए पर इतना जुल्म ढाती हो सिर्फ दस रुपये के लिए और अपने ही बच्चे पर, तुम्हें शर्म नहीं आती?

कहने को तो अम्माँ ने गुस्से में इतना कह दिया मगर कहते-कहते उन्होंने अपनी गलती महसूस करके दाँतों तले अँगुली दाब ली, शहजादी ने भी अपने मुँह पर अँगुली रखकर जल्दी से इधर-उधर देखा, पर इस समय ड्रांइग रूम में माँ, बेटी और मुन्ने के अलावा और कोई मौजूद नहीं था।

शहजादी की जान-में-जान आई। अम्माँ शर्मिन्दा होकर चुप थीं। मुन्ना उनकी छाती में दुबका हुआ मुँह छुपाकर सिसक रहा था। सारे

कमरे में सन्नाटा था।

सहसा मुन्ना ने सिर उठाकर शहजादी की ओर देखा और सिसक-सिसककर बोला—हमको वो दस का नोट दे दो, नहीं तो हम सबसे कह देंगे कि हम अम्मी के बेटे नहीं हैं शहजादी के बेटे हैं।

अपनी माँ से दस रुपये लेकर मुन्ना अपनी नई शक्ति पर फूला हुआ अपनी नानी की गोद से उतरा और बाहर बाजार में आइस्क्रीम खाने चला गया। अगर यह उसकी जिन्दगी का पहला ब्लैकमेल था तो क्या हुआ, अभी तो उसकी आयु केवल सात साल की थी।

आइस्क्रीम और मिल्कबार की काउण्टर से मैं फिरोज और खानम के साथ कर दिया गया जो मिल्कबार से आइस्क्रीम खाकर निकल रहे थे। दुकान से बाहर आकर खानम को याद आया कि उनके अपने इलाके में जहाँ वह रहते हैं वनस्पति घी ब्लैक में चला गया है इसलिए उन्होंने करीब के बनिए की दुकान से वनस्पति घी का एक डिब्बा खरीदा। बनिये की दुकान से मुझे मिसेज एडलजी के साथ कर दिया गया जिसने बनिये से बहुत-सा सामान खरीदा था। मिसेज एडलजी ने मुझे एक बिसाती के हवाले कर दिया जिसकी दुकान से उन्होंने अपने ड्राइंग रूम के लिए नए पर्दों का कपड़ा खरीदा था। उस बिसाती की दुकान पर मंजूर इलाही क्लर्क अपनी बीवी बतूल के साथ सेल्स काउण्टर पर खड़ा अपने घर में होने वाली पहली खुशी के सिलसिले में कुछ कपड़े खरीद रहा था यानी बच्चे के पोतड़े, फ्राकें और नन्हीं-मुन्नी टोपियों के लिए कपड़ा। उनके साथ मैं शर्बत वाले की दुकान पर आया क्योंकि बतूल को प्यास लग रही थी। शर्बत वाले ने मुझे एक अधेड़ आदमी के सुपुर्द किया जिसने उसकी दुकान से शर्बत के चार गिलास पिए थे। उस अधेड़ आदमी ने दुकान से निकलकर नाके के कैमिस्ट से सिरदर्द की गोलियों का पूरा पैकेट खरीदा। उस अधेड़ आदमी की सूरत देखकर यह अन्दाजा होता था कि न सिर्फ उसे सदा सिरदर्द रहता है बल्कि वह खुद स्थायी रूप से सारी दुनिया के लिए सिरदर्द है। गोलियाँ खरीदकर वह अधेड़ आदमी एक टैक्सी में सवार

हुआ और जहाँ उसे झगड़ा करने जाना था वहाँ पहुँचकर उसने मुझे टैक्सी वाले के हवाले किया। टैक्सी वाले ने पेट्रोल पम्प से पेट्रोल डाला और मुझे पेट्रोल वाले को दे दिया और पेट्रोल पम्प वाले ने एक ऐसे जोड़े को दिया जिन्होंने पहली बार मोटर खरीदी थी और उसमें बैठकर सिनेमा देखने जा रहे थे। सिनेमा देखकर मैं उनके साथ लौट रहा था कि फिर एक पेट्रोल पम्प पर पहुँचा दिया गया जहाँ से मैं गुलाम अली मोटर मेकैनिक की जेब में पहुँचा। गुलाम अली मुझे लेकर सिद्दू हमाम वाले के यहाँ चला गया। हमाम वाले ने मुझे एक हज्जाम के सुपुर्द किया, हज्जाम के कबाबिए को दिया। कबाबिए ने मुझे कैफे दिलपसन्द के हवाले किया—जिसकी दुकान के बाहर एक कोने में वह कबाब की दुकान लगाता था। कैफे दिलपसन्द के यहाँ-से मैं मास्टर ब्रगांजा टेलर की जेब में आया जिसने दूसरे दिन मुझे सेठ मंघाराम के हवाले किया जिसने मास्टर ब्रगांजा की दुकान में एक सूट सिलवाया था। सेठ मंघाराम की कोलाबा में बहुत बड़ी क्यूरिओ शॉप थी जहाँ बड़े-बड़े धनाढ्य और विदेशी टूरिस्ट क्यूरिओ खरीदने आते थे और मंघाराम अपनी शॉप में ऐसे-ऐसे अनमोल क्यूरिओ जमा करके रखता था कि हांगकांग से न्यूयॉर्क तक उसके माल की खपत थी। शहर के बाहर कई इलाकों में उसने छोटी-छोटी फैक्ट्रियाँ कायम कर रखी थीं। जहाँ अत्यन्त गुप्त रूप से पुराना माल तैयार होता था। एक फैक्ट्री में सातवीं शताब्दी की बुद्ध की मूर्तियाँ बनाई जाती थीं तो दूसरी फैक्ट्री में दूसरी शताब्दी की शिवजी की मूर्तियाँ गढ़ी जाती थीं। एक फैक्ट्री में केवल वह सामान तैयार होता था जो आज से पाँच हजार वर्ष पहले मोहन-जोदड़ो और हड़प्पा की खुदाई से निकला है। एक फैक्ट्री सिर्फ मुगल-युग के क्यूरिओ मैन्युफेक्चर करती थी। नूरजहाँ का इत्रदान, बाबर की तलवार, जहाँगीर का खंजर, अकबर की अँगूठी, मुमताज महल की आरसी, औरंगजेब का उगालदान सबकुछ सेठ मंघाराम के यहाँ मिलता था। एक फैक्ट्री पुरानी गली हुई लकड़ी से ऐतिहासिक सामान तैयार करती थी। यानी अशोक के निद्रागृह का दरवाजा,

चन्द्रगुप्त के पलंग का पाया, महारानी पद्मिनी के आईने का लकड़ी का फ्रेम, कालिदास की छड़ी, गुरु विश्वामित्र की खड़ाऊँ। एक दफा तो मंघाराम का सेल्समैन एक विदेशी टूरिस्ट को महाराजा विक्रमादित्य की ऐनक तक बेच देने में कामयाब हो गया था, बारह सौ रुपयों में, और सेठ मंघाराम ने अपने सेल्समैन के काम से खुश होकर उसे सौ रुपया इनाम में दिया था।

कल रात सेठ ने दुकान के गल्ले में से कुछ रकम उधार ली थी। हिसाब पूरा करने के लिए उसने अपना बटुआ खोला और उधार की रकम बराबर गिनकर और मुझे भी उन नोटों में डालकर उसने कुल रकम एक नौकर के हवाले करके कहा कि वह उसे कल के हिसाब में जमा करके बैंक में डाल दे।

सेठ के नौकर ने रकम लेकर बड़ी सावधानी से सब नोटों को गिना। फिर मुझे देखकर ठिठक गया, क्योंकि लगातार उपयोग में आने के कारण और पाँच साल एक गन्दी हाँडी में रहने के कारण मैं इतना गन्दा और मैला हो चुका था कि हरके की निगाहों में चुभने लगता था।

नौकर ने मुझे ध्यान से देखा। यह वही सेल्समैन था जो विक्रमादित्य की ऐनक बेच चुका था। देखने में मैं अब इतना पुराना हो चुका था कि अगर मुझ पर अंग्रेजी शब्दों का ठप्पा न होता तो वही सेल्समैन मुझे मुहम्मद तुगलक के जमाने का नोट कहकर बेच देता। इस पर भी वह मुझे देर तक उलट-पलटकर देखता रहा और मेरी समझ में नहीं आया कि मुझमें ऐसे कौन-से सुरखाब के पर लगे हैं, दस का नोट ही तो हूँ।

अन्त में वह सेल्समैन सेठ के पास पहुँचा। सेठ के सामने मेज पर मुझे रखकर बोला—जरा इस नोट को ध्यान से देखिए।

सेठ ने मुझ पर एक सरसरी-सी नजर डालकर कहा—क्या देखूँ? दस का नोट ही है। क्या तुम्हें सौ का नोट दिखाई देता है?

जरा ध्यान से देखिए—सेल्समैन ने संकेत करते हुए कहा—इस पर इंडिया की 'डी' उल्टी छप गई है।

सेठ ने चौंककर देखा, सचमुच मेरे माथे पर जहाँ 'रिजर्व बैंक ऑफ इंडिया' लिखा था, वहाँ 'इंडिया' शब्द यूँ छपा था INꓷIA।

—अरे सचमुच 'D' की जगह .ꓷ. है। यानी उल्टी 'डी' है।

और सेल्समैन ने मुझे अपने सेठ की आँखों के नीचे सरकाते हुए कहा—यह देखिए, जहाँ लिखा है, 'आई प्रामिस टु पे द बियरर आन डिमांड' वहाँ शब्द PROMISE की E गायब है।

सचमुच।—सेठ ने मुझे ध्यान से देखते हुए कहा।

यह तो एक अद्‌भुत नोट है—सेठ मंघाराम का दिल खुशी से धड़कने लगा—इसकी 'डी' उल्टी है और 'ई' बिलकुल गायब है।

सहसा सेठ के मन में एक विचार आया। उसने अपने सेल्समैन के मुँह की तरफ देखते हुए कहा—कहीं जाली तो नहीं है?

सेल्समैन चुप रहा।

फिर सेठ कुछ सोचकर बोला—तुम इस नोट को यही छोड़ जाओ, मैं सब मालूम किए लेता हूँ।

मेरी जगह उसने दस का दूसरा नोट देकर सेल्समैन को बैंक भेज दिया और खुद करेंसी ऑफिस में फोन करके मुझे अपनी जेब में डालकर चला गया। पाँच-छह दिन मैं सेठ मंघाराम की जेब में रहा। दिन को जेब में रहता, रात को वह मुझे अपनी तिजोरी में बन्द कर देता। पूछताछ करने के बाद जब सेठ ने अपना इत्मीनान कर लिया, तो उसने मेरे लिए चाँदी का एक फ्रेम बनवाया और उसमें मुझे जड़वाकर उसी सेल्समैन से कहने लगा—मैंने सब मालूम कर लिया है। यह नोट बिलकुल असली है मगर डाई गलत हो गई इसलिए यह गलत छप गया। यह नासिक में छपा था। इसके सीरियल नंबर के दूसरे नोट गलत छपने के कारण जला दिए गए मगर यह नोट किसी कर्मचारी की असावधानी से करेंसी में आ गया। अपने ढंग का एक ही नोट है सारे भारतवर्ष में। मैं समाचार-पत्रों में इसका विज्ञापन दूँगा और अगले महीने के नीलाम में इसकी बोली ऊँची-से-ऊँची लगवाऊँगा और जो रकम मिलेगी उसका पाँच प्रतिशत कमीशन तुम्हें दूँगा, क्योंकि सबसे

पहले तुम्हीं ने इस नोट को पहचाना है।

सेल्समैन ने झुककर सेठ का शुक्रिया अदा किया। इतने में सेठ की नई स्टेनो कुछ टाइप किए हुए पत्र लेकर आ गई।

सेठ मंघाराम पहला खत पढ़ते ही गुस्से से भड़क गया—स्पेलिंग की इतनी गलतियाँ? 'ऑफ कोर्स वी प्रॉमिस्ड टू पे टू हंड्रेड डॉलर्स!' क्या इस तरह लिखा जाता है? 'प्रॉमिस्ड' की 'ई' गायब है और डॉलर का 'डी' कहाँ गया। क्या घर से नाश्ता करके नहीं आती हो, जो शब्द खाना शुरू कर देती हो? हमारी फर्म न्यूयॉर्क तक बिजनेस करती है। ऐसी हिज्जे की गलतियाँ हमारे यहाँ नहीं चलेंगी—एकाउंटेंट से अपना हिसाब चुकता करो और जाओ।—सेठ ने काँपती हुई नई स्टेनो के हाथ में हस्ताक्षर किए बिना ही पत्र वापस करते हुए कहा।

10

उस दिन नीलाम में बड़ी भीड़ थी जिस दिन मेरी बोली लगाई गई। दूर-दूर से क्यूरिओ खरीदने वाले आए थे और बड़े आश्चर्य से मुझे देख रहे थे। मगर सेठ मंघाराम ने शक की कोई जगह नहीं छोड़ी थी। दमकते हुए चाँदी के फ्रेम में मैं सबके सामने मौजूद था। चाँदी के फ्रेम के नीचे नासिक की सरकारी प्रिंटरी का एक सर्टिफिकेट चिपका था जिस पर साफ शब्दों में लिखा था कि मैं कोई जाली नोट नहीं हूँ, बिलकुल असली नोट हूँ। छापे की तारीख भी लिखी थी। शक की कोई जगह न थी। बोली शुरू हुई। सेठ मंघाराम ने चिल्लाकर कहा—इस दस के नोट की कीमत एक हजार रुपये।

—दो हजार।

—तीन हजार।

—तीन हजार पाँच सौ।

—तीन हजार सात सौ।

—तीन हजार सात सौ—तीन हजार सात सौ।

—साढ़े चार हजार।

—पाँच हजार।

मेरा सिर चकराने लगा। कैसी अजीब दुनिया है। कल तक मैं केवल दस का नोट था। आज मेरी कीमत पाँच हजार रुपये है। फिर

मुझे वे हजारों आँखें याद आईं, जिन्होंने आज तक मुझे देखा था और मेरे माथे पर लिखे गए शब्दों पर भरोसा किया था।

–'आई प्रॉमिस टु पे द बियरर आन डिमांड द सम ऑफ टेन रुपीज एट एनी ऑफिस ऑफ ईश्यू।'

–छह हजार रुपये।

–सात हजार रुपये।

–सात हजार आठ सौ–सात हजार आठ सौ-एक।

–आठ हजार।

–नौ हजार।

–दस हजार।

दस हजार। मैं आश्चर्य से चौंक पड़ा, क्या सचमुच मेरा मूल्य दस हजार है। कल तक मैं दस का नोट था, आज मैं दस हजार कैसे हो गया? वही मैं हूँ, वही मेरा कागज है, वही मेरा ठप्पा है।

–बारह हजार।

–बारह हजार?

बारह हजार में तो एक मध्यम वर्ग की लड़की की शादी हो सकती है। मगर बोली बढ़ी ही जा रही थी।

–तेरह हजार।

–तेरह हजार छह सौ।

–तेरह हजार नौ सौ।

–चौदह हजार।

–अट्ठारह हजार।

एक दुबला-पतला युवक काँच के बड़े-बड़े मोटे शीशों वाली ऐनक चढ़ाए हुए बोल उठा–अट्ठारह हजार।

मैंने उस पीले रंग के दीमक-खाए हुए युवक की तरफ देखा। अब मेरी कीमत अट्ठारह हजार है। कल तक मैं वनस्पति का एक डब्बा भी नहीं खरीद सकता था, आज एक मोटर खरीद सकता हूँ।

–अट्ठारह हजार। अट्ठारह हजार। सेठ मंघाराम उस पीले रंग

के युवक की ओर देखकर चिल्लाया। वह उसे पहचानता था। वह युवक देश के मशहूर करोड़पति सेठ चुन्नीलाल का बेटा मगनलाल था। मगनलाल को क्यूरिओ जमा करने का बड़ा शौक था। उसने अपने आलीशान महल में एक म्यूजियम बना रखा था, जिसमें वह दुनिया-भर के क्यूरिओ जमा करता था। मोटे-मोटे शीशों के पीछे उसकी छोटी-छोटी आँखें गहरे शौक से चमकती हुई मालूम होती थीं। वह क्यूरिओज का दीवाना था।

अब सब लोग पीछे हट गए थे। मगनलाल का मुकाबला एक अमरीकी टूरिस्ट से था। चार्ल्स डू' लिटिल न्यूयॉर्क में सॉलिसिटर था। एक सफल वकील। दुनिया के सबसे धनाढ्य देश का निवासी।—वह पीछे नहीं हटेगा।

—बीस हजार।

बाईस हजार।—मगनलाल बोला।

पच्चीस हजार—डू'लिटिल ने एक सिगरेट सुलगाकर कहा। मगनलाल अपनी पतली आवाज में इतने जोर से चिल्लाया कि भीड़ में हरेक के चेहरे पर मुस्कान आ गई।

—सत्ताईस हजार—

तीस हजार—डू'लिटिल अपनी ठण्डी-भारी आवाज में बोला।

तीस हजार—मेरी तो सिट्टी गुम हो गई। आखिर मैंने क्या किया। आखिर मैंने क्या किया था? कौन-सा तीर मारा था? कौन-सा ऐसा कड़ा परिश्रम किया था? किसकी भलाई के लिए दिन-रात एक कर दिया था, जिसके पुरस्कारस्वरूप मेरी कीमत इतनी बढ़ा दी गई थी?

पर यह तो एक अजीब मूर्खता-भरा टेढ़ा सवाल है। यहाँ की हर त्रुटि के दो तरह के फल होते हैं। यहाँ अगर आप सीधे-सच्चे और खरे हैं, तो आपकी 'डी' उल्टी और 'ई' गायब है, तो आपकी कीमत एकदम तीस हजार भी हो सकती है। नोट के 'स्पेलिंग' गलत हों तो वह सबसे कीमती है। आदमी की स्पेलिंग गलत हों तो वह दफ्तर से बाहर निकाल

दिया जाता है। सेठ मंघाराम की स्टेनो की तरह।

बत्तीस हजार—मगनलाल गुस्से से चिल्लाया।

चार्ल्स डू'लिटिल मुस्कराया, उसका मुकाबला एक दीवाने से था। सहसा इस नीलाम से उसकी सारी दिलचस्पी गायब हो गई और वह पलटकर भगवान् शिव के किसी पुराने बुत को देखने लगा। कुछ मिनटों तक सेठ मंघाराम मेरी ओर आकर्षित करने के लिए चिल्लाता रहा। मेरी खूबियों को बढ़ा-चढ़ाकर बयान करता रहा। मगर जब उस अमरीकी टूरिस्ट ने कोई ध्यान नहीं दिया तो उसने मुझे बत्तीस हजार रुपयों के लिए मगनलाल के हवाले कर दिया।

11

चुन्नीलाल की कलकत्ता में दो जूट मिलें थीं। एक टैक्सटाइल मिल अहमदाबाद में थी, एक बम्बई में। खाँड बनाने का एक कारखाना उत्तर प्रदेश में था। कानपुर में लोहे की एक बहुत बड़ी फाउंड्री थी और अब वह ग्वालियर में रेयॉन-पल्प का एक बहुत बड़ा कारखाना खोलने में व्यस्त था। पर उसे एक ही बात का दुःख था कि उसके बेटे की कोई औलाद न थी। मगनलाल अभी तक निस्सन्तान था और मगनलाल चुन्नीलाल का इकलौता बेटा था।

प्रायः मगनलाल सन्तान करने के योग्य नहीं था। 'प्रायः' इसलिए कि उसकी सारी भावनाएँ पुरुष की सी थीं। वह प्रेम की अग्नि और उसकी गर्मी को एक पुरुष की तरह ही अनुभव करता था। मगर उसका शरीर उसका साथ नहीं देता था। वह अनुभव करता कि सृजन की एक लपट-सी उसकी आत्मा में काँप रही है। मगर उसकी आत्मा और उसकी गहरी अनुभूति का घट और उसका शरीर एक ठण्डे शून्य और बर्फीले आवरण से लिपटा हुआ है। यह बर्फ जो किसी तरह पिघलती नहीं है और उसके भड़कते हुए मनोभावों को असफल बना देती है और वह एक चोट खाए हुए जानवर की तरह अपनी मनोवृत्ति और अपने शरीर की भयानक निष्क्रियता के अन्तर्विरोध से चीख उठता। ठंडे शरीर के साथ अगर आत्मा भी ठंडी हो तो कोई समस्या ही नहीं होती।

लेकिन प्रकृति ने उसे अग्नि की तरह धधकती हुई आत्मा देकर और उसके चारों ओर बर्फ का दायरा खींचकर उसके साथ बड़ा अन्याय किया था। क्योंकि मगनलाल सुन्दरता का पुजारी भी था। सुन्दर स्त्रियों को देखकर उसके हृदय में वही प्रतिक्रिया होती थी जो एक पूर्ण पुरुष में होती है। वह उसके बदन के लोच, निगाह की गर्मी और होंठों के बुलावे से उतना ही प्रभावित होता था जितना कोई स्वस्थ पुरुष हो सकता है, लेकिन जब वह अपने जज्बात के ज्वार-भाटे से डोलता हुआ किसी नारी के पास जाता और उसे छूने की कोशिश करता तो न सिर्फ उस नारी को बल्कि स्वयं उसे मालूम हो जाता कि ये किसी पुरुष की अँगुलियाँ नहीं हैं जो किसी नारी को छू रही हैं, बरफ की कलमें हैं जिनके स्पर्श से औरत के बदन में घृणा की लहरें उठ रही हैं और वह उस समय काँपकर पीछे हट जाता। दीवारों से टक्करें मारता, दो बार उसने आत्महत्या की कोशिश भी की मगर असफल रहा।

अनेक असफलताओं के बाद अब उसने अपनी आत्मा की उत्तेजना को विलीन करने का एक ढंग ढूँढ़ लिया था। उसने अपनी मैथुनिक इच्छाओं को कलात्मक भावनाओं में ढालने का प्रयत्न कर लिया था। अगर नारी का शरीर उसका नहीं हो सकता तो क्या हुआ ये सुन्दर चित्र तो उसके साथ हो सकते हैं, ये मरमर के पुराने बुत जिन पर वीनस का शुबहा होता है, काशी के नटराज का स्थिर नृत्य और वे शमादान जो मुगलों के रहम में हुस्नोइश्क की लौ को तेज करते थे—इन चीजों पर वह स्थाई रूप से कब्जा कर सकता है और इन क्यूरिओज का सौन्दर्य ऐसा था जो उसकी ठंडी अँगुलियों के स्पर्श से घृणा नहीं खा सकता था। वह एक करोड़पती बाप का बेटा था, और उसकी जायदाद का अकेला मालिक था। अब युग बदल गया है, अब अगर वह खूबसूरत औरतों का हरम नहीं सजा सकता तो खूबसूरत चीजों का अजायबघर तो खोल सकता है। और यही उसने किया।

उसने अपने महलनुमा घर का एक बड़ा हिस्सा उन खूबसूरत और कीमती क्यूरिओज को रखने के लिए अलग कर दिया, जो वह दुनिया

के अलग-अलग हिस्से से खरीदकर जमा किया करता था। हौले-हौले उसका यह शौक बढ़ता गया और अब वह इन क्यूरिओज के खरीदने, रखने, सँभालने, देखने और दूसरों को दिखाने में मजा लेने लगा। उसकी आत्मा की विशाल वेदना अपनी जगह कायम थी। मगर कभी-कभी अब उसे ऐसा लगता कि जैसे किसी ने उसके घाव पर फाहा रख दिया है। पर उसका बाप चुन्नीलाल बड़ा व्यावहारिक आदमी था। इतना उसके लिए काफी नहीं था। उसके बेटे के मरने के बाद उसकी करोड़ों की सम्पत्ति दूसरों में बँट जाएगी, इसके ख्याल ही से उसकी आत्मा काँपती थी। उसने अपने बेटे को ठीक करने के लिए तरह-तरह के इलाज किए। चार दफे उसे यूरोप ले गया। नए और पुराने तरीके आजमाते हुए उसने लाखों रुपये फूँक डाले। इन्हीं में एक तरीका यह भी था कि मगनलाल का ब्याह अति सुन्दर युवती से कर दिया जाए। मगनलाल के मना करने पर भी और ऊपर से दिखावा रखने के लिए भी चुन्नीलाल ने अपने बेटे की शादी एक गरीब घराने की सुन्दर लड़की से कर दी।

रसना उसका नाम था। यौवन का रस उसकी रगों में दौड़ता नहीं था, खौलता था। वह एक चंचल चुलबुले लावे की बनी मालूम होती थी। उसके बदन में बिफरे हुए समुद्र की लहरों का लोच था। निगाहों में बिजली की लपक थी। अँगुलियों में आग की लपट थी। मगनलाल उसे देखकर दीवाना हो गया। सहसा उसे ऐसा अनुभव हुआ कि वह रसना को अपनी बाँहों में लेकर पूरा पुरुष बन जाएगा। फिर वह बुझ-सा गया। कुछ महीने तो रसना अपने खौलते हुए जज्बात में कसमसाती रही, टूटती रही और टूटकर बनती रही फिर वह एकाएक पागल हो गई।

दो साल तक वह पागल रही, फिर जब वह अच्छी हुई तो भी बुझ-सी गई। उसके ससुर ने अपनी बहू के लिए उस महलनुमा घर में एक मन्दिर बनवा दिया जहाँ वह बहुधा अकेले में पूजा करके अपना मन बहलाया करती। उसकी आवाज में उसकी घुटी-घुटी वेदना का रस

उतर आया था। घंटों वह राधाकृष्ण की मूर्ति के सामने बैठी अपने छोटे-से मन्दिर में भजन गाया करती थी। भजन गाते-गाते खो जाती और कभी-कभी बेहोश भी हो जाती। वह एक गरीब घर की लड़की थी मगर यहाँ पर उसे जीवन का हर आराम दिया गया था। दो गवर्नेसें उसे सुशिक्षित करने के लिए रखी गई थीं। नौकरों का एक लम्बा-चौड़ा अमला था जो दिन-रात उसकी छोटी-से-छोटी इच्छा को चुटकियों में पूरा करने के लिए व्यस्त रहता। इस पर भी कई बार रसना का दिल यहाँ से भाग जाने को चाहा। मगर सोने की जंजीरें बहुत खूबसूरत थीं।

रसना को इतना चाहने के बावजूद अब मगनलाल ने उससे अलग रहना सीख लिया था, क्योंकि साथ रहने में बहुत तकलीफ होती थी। ऐसा भगता जैसे जिस्मो-जाँ के रेशे-रेशे टूट जाएँगे। अब वह अपना ज्यादा समय क्यूरिओज के साथ बिताता था। इन वस्तुओं के साथ उसका मिलना-जुलना इतना बढ़ गया कि बहुधा अकेले में वह उनसे बातचीत तक करने लगता और उसे महसूस होता कि तस्वीरें भी बोलती हैं और संगमरमर के यूनानी सनम भी उससे बातें कर सकते हैं। अब वह महल के उस भाग में बहुत कम जाता था जहाँ रसना रहती थी। केवल दोपहर के खाने पर वे मिलते थे या रात के खाने पर। और इन दोनों अवसरों पर उसकी आत्मा की पीड़ा और भी बढ़ जाती थी। मगर वह मजबूर था और पिताजी की आज्ञा भी यही थी। फिर नौकरों के सामने दुनियादारी बरतना भी जरूरी था।

जब मगनलाल ने मुझे खरीदा तो मुझे पाकर इस तरह प्रसन्न हुआ कि रसना को यह सूचना सुनाए बगैर न रह सका। वह मुझे एक नवजात शिशु की तरह अपने हाथों में उठाए रसना के बेडरूम में चला गया जो अब दोपहर की नींद लेकर शृंगार-मेज के सामने अपने खुले बालों में कंघी कर रही थी। बल खाए हुए आरास्ता बाल जो कमर तक जाते थे, कंघी और रसना की अँगुलियों के मिले-जुले स्पर्श से नागिनों की तरह लहरा रहे थे। रसना उसे यूँ ही अचानक अपने बेडरूम में घुसते देखकर चौंक पड़ी। मगनलाल बहुत खुश मालूम हो रहा था।

अन्दर आते ही वह बच्चे की तरह चिल्ला पड़ा—देखो, मैंने क्या खरीदा है?

यह तो दस रुपये का नोट है—रसना ने मुझे देखकर कहा।

—हाँ है तो दस का, मगर मैंने इसे बत्तीस हजार रुपये में खरीदा है।

—ऐसी बावलेपन की बातें तुम अक्सर करते रहते हो।

—यह बावलापन नहीं है, यह कोई मामूली दस रुपये का बाजारी नोट नहीं है—यह खास नोट है, अद्भुत नोट है—इस नोट का सानी सारे भारतवर्ष में नहीं है। शायद सारी दुनिया में नहीं है। आज दोपहर मैंने न्यूयॉर्क में एक डीलर को टेलीफोन किया था। वह इस नोट के एवज एक लाख डालर देने को तैयार है।

आखिर इस नोट में है क्या—रसना उकताई हुई मेरे चाँदी के फ्रेम को देखने लगी और काँच पर हाथ फेरकर, मुझ पर एक सरसरी-सी नजर डालकर अपने पति की तरफ देखने लगी। वह बोला—जरा ध्यान से देखो, इंडिया की 'डी' उल्टी छप गई है और प्रॉमिस की 'ई' गायब है।

अब रसना ने मुझे ध्यान से देखा, फिर व्यंग्यात्मक दृष्टि से अपने पति की ओर। उसकी निगाहें कह रही थीं—अगर इस नोट की 'डी' उल्टी है और 'ई' गायब है तो क्या हुआ तुम्हारे जिस्म की 'ई' भी तो गायब और 'डी' उल्टी है, फिर मैं क्या करूँ?

—इस दस रुपये के नोट के लिए जिसे मैंने बत्तीस हजार में खरीदा है आज एक लाख डालर मिल रहे हैं। यह दुनिया में सबसे कीमती नोट है। आज तुम्हारी वर्षगाँठ के शुभ अवसर पर मैं यह नोट तुम्हें भेंट करता हूँ।

रसना ने मुझे देखा, श्रृंगार-मेज के लम्बे आईने में अपने बालों को अपनी कमर के नाजुक खम तक लहराते देखा, कमरे के बीच खूबसूरत रेशमी चादरों से सजे डबल-बेड की तरफ देखा, फिर जलन और खौलन की एक तड़पती हुई लहर उसके गुलाबी गालों तक आई

और तपता हुआ लावा उसकी आँखों से चमकने लगा। उसने मुझे उठाकर जोर से फर्श पर पटक दिया, चाँदी का फ्रेम तो न टूटा लेकिन काँच टुकड़े-टुकड़े हो गया।

वह जहरीली निगाहों से अपने पति की तरफ देख रही थी। उसकी निगाहों की नफरत की काट मगन के दिल तक उतर गई। एक पल के लिए वह भौंचक्का रह गया। फिर उसने आहिस्ता से अपना सर झुका लिया। उसने चाँदी के फ्रेम को उठा लिया और मुझे लेकर कमरे से बाहर निकल गया।

रसना ने दरवाजा जोर से बन्द कर दिया। फिर नाखूनों से नोंच-नोंचकर उसने अपने सारे कपड़े फाड़ डाले और फर्श पर बिन पानी की मछली की तरह तड़पने लगी। उसका सारा बदन जल रहा था, और हल्की-हल्की चीखें जो उसके अनछुए बदन की कराहटें थीं।

फिर उसने श्रृंगार-मेज से यू-डी-कोलोन की एक बड़ी बोतल उठा ली, जिसके मुँह पर रेशमी डोरियों से बन्द रबड़ का फव्वारा लगा हुआ था। रबड़ दबाकर वह यू-डी-कोलोन की फुहार अपने मुँह पर, अपनी गर्दन पर, अपनी छातियों पर डालने लगी। जहाँ-जहाँ यू-डी-कोलोन की फुहार पड़ती थी, बदन ठंडा हो जाता था।

12

इन्हीं दिनों एक अंग्रेज डॉक्टर विलियम रिशर नगर में आया। वह मनोवैज्ञानिक ढंग से इलाज करता था। पूरे यूरोप में उसके नए इलाज के तरीके की धूम थी। वह यहाँ तीन मास के लिए आया था। चुन्नीलाल ने अपने बेटे और बहू को उसे दिखाया। विलियम रिशर के पास कोई सरकारी डिग्री नहीं थी। उसके इलाज का तरीका भी अनोखा और विचित्र था। मगर कई पुराने रोगी उसने चमत्कारिक रूप से ठीक कर दिए थे। वह केवल बड़े-बड़े लखपतियों का इलाज करता था क्योंकि उसकी पहली फीस पचास हजार रुपये थी। जाहिर है इतनी बड़ी फीस कोई आम व्यक्ति तो दे नहीं सकता।

मगनलाल और रसना की जाँच-पड़ताल के बाद सेठ चुन्नीलाल और विलियम रिशर में देर तक बातें हुईं। क्या बातें हुईं यह कोई नहीं जानता। मगर बातचीत के बाद विलियम रिशर फिर मगनलाल से मिलने उसके अजायबघर में गया। मगनलाल से उसने उसके अजायबघर को देखने का अनुरोध किया। देर तक मगनलाल उसे अपने अजायबघर की दुर्लभ वस्तुएँ दिखाता रहा—क्रीट की खुदाई में मिली गुमनाम यूनानी मूर्तिकारों की सुन्दर मूर्तियाँ, मिस्र के एहराम से चुराई गई फिरओनों के युग की ममियाँ और उनके आभूषण, मिस्री पुरोहितों के गले के पवित्र हार और भरत नाट्यम नाचती हुई एक

नर्तकी का बुत, ग्यारहवीं शताब्दी की खोज सिसली के मूरी खंजर और चाँदी के फ्रेम में जड़ा हुआ दस रुपये का एक नोट जिसका मूल्य आज एक लाख डालर तक पहुँच चुका था।

मगनलाल का विचार था कि डॉक्टर को इन दुर्लभ वस्तुओं के बारे में अधिक जानकारी न होगी। मगर लम्बे-तड़ंगे मजबूत मुस्कराते हुए डॉक्टर रिशर का ज्ञान बहुत विशाल निकला। ऐसा लगता था जैसे पुरातत्त्व के सम्बन्ध में वह स्वयं कई साल तक रिसर्च करता रहा है। मगनलाल को उसके ज्ञान पर आश्चर्य हुआ। डेढ़ घंटे अजायबघर में घूमने के बाद मगनलाल थक गया। वह जल्दी थक जाता था। दूसरे मौकों पर वह इसके लिए दो पहियों वाली कुर्सी इस्तेमाल करता था। मगर आज उसने स्वयं इस पश्चिमी डॉक्टर के सामने व्हील कुर्सी पर बैठकर अजायबघर दिखाना उचित नहीं जाना।

अजायबघर देखकर वे दोनों पश्चिमी कोने के एक आरामदेह केबिन में आ गए जो मजबूत काँच का बना हुआ था। जिसकी दीवार पर मैं एक चाँदी के फ्रेम में टँगा था। यह केबिन एक तरह से मगनलाल का दफ्तर था। उसके सोचने का कमरा था। यहीं पर वह दोपहर में एक कोने में पड़े दीवान पर लेटकर आराम कर लेता था। यही उसका घर था। इस केबिन में बैठकर मगनलाल ने एक सिगरेट सुलगाया। डॉक्टर ने अपना सिगार सुलगाया और कुछ क्षणों के लिए खामोशी छा गई। फिर डॉक्टर बोला—मेरा ख्याल है तुम्हें कोई रोग नहीं है।

ऐं—मगनलाल हैरत से चौंककर लगभग कुर्सी से उठ खड़ा हुआ।

बैठो, बैठो—विलियम रिशर की नीली-उजली साफ आँखों में सहानुभूति की एक झलक दिखाई दी।

मगर?—इतना कहकर मगनलाल हैरानी से विलियम रिशर की ओर देखने लगा। कैसी प्रभावशाली कड़ी गर्दन है डॉक्टर की। कितना विश्वासपूर्ण मुख है इसका। क्या यह डॉक्टर झूठ बोल रहा है? आज तक संसार में किसी डॉक्टर ने उसे यह नहीं बताया कि उसे कोई रोग नहीं है। हर डॉक्टर सिर्फ उसी को जिम्मेदार ठहराता था। यह पहला

डॉक्टर था—मगर—यह हो कैसे सकता है?

मगनलाल चकित होकर डॉक्टर की ओर ताके जा रहा था। इसकी मुस्कराहट कितनी सेहतमन्द और मनमोहक है। जैसे प्रसन्नता भीतर से झाँक रही हो। आयु छत्तीस-सैंतीस साल से अधिक न होगी। मगनलाल ने उसे देखते हुए अन्दाजा लगाया।

डॉक्टर रिशर ने मुस्कराकर कहा—सुनो मगन, तुम्हारे शरीर में कोई दोष नहीं है। दोष रसना के शरीर में है।

रसना में?—मगनलाल की आवाज अकस्मात् ऊँची हो गई।

—हाँ, हाँ, रसना में, चिल्लाओ मत। शान्ति से मेरी बात सुनो। मैं टेक्निकल विस्तार में नहीं जा सकता। तुम समझ नहीं सकोगे। मोटे ढंग से समझाने की कोशिश करूँगा—तुम्हारी स्नायु-रचना अत्यधिक सचेत है, तुम्हें ऐसी औरत की जरूरत नहीं है जो लावे की तरह भड़कती हो—ऐसी औरत का शारीरिक तापक्रम तुम्हारे स्नायुयों को सर्द कर देगा। दुर्भाग्य से इस उम्र में जिसमें रसना है युवा नारियों का शारीरिक तापक्रम प्रायः यही होता है—फिर त्वचा के अन्दर के कोषाणुओं में शरीर के हर भाग से विद्युत्-चार्ज घूमते रहते हैं। ये विद्युत्-चार्ज पुरुष और नारी के बीच एक विशेष कामुक सन्तुलन बनाते हैं। अगर वह विद्युत्-चार्ज एक ओर बहुत ऊँचा है और दूसरी ओर बहुत नीचा है—तो सन्तुलन स्थापित नहीं होगा। तुम्हारा सचेत नाड़ी मंडल दूसरी ओर से आने वाले विद्युत्-चार्ज को सहन नहीं कर पाता। धनात्मक लहर ऋणात्मक में बदल जाती है या चार्ज तटस्थ हो जाता है।

मगर वह दूसरी औरतें...?—मगनलाल ने वाक्य अधूरा रहने दिया।

—बदकिस्मती से तुम्हें जो भी औरतें मिलीं 'हाई वोल्टेज' वाली थीं। वरना तुम्हारे जिस्म में कोई नुक्स नहीं है—वह एक सचेत नाड़ी मंडल है। मैं उसमें कोई परिवर्तन करना नहीं चाहता। मगर मैं रसना का इलाज करना चाहूँगा। उसका शारीरिक तापक्रम बदलना चाहूँगा।

उसके मनोविज्ञान का अध्ययन करके उसके स्वभाव, भोजन और वेशभूषा में उचित परिवर्तन करना चाहूँगा।

मगनलाल का दिल खुशी से उछलने लगा। बड़ी खुशी से वह बोला–डॉक्टर क्या तुम्हें वास्तव में विश्वास है कि मुझमें कोई नुक्स नहीं है।

–सौ प्रतिशत।

–और रसना तुम्हारे इलाज से अच्छी हो जाएगी?

–इसकी भी मुझे सौ फीसदी आशा है। रसना मेरे इलाज से अच्छी हो जाएगी। इसमें समय भी लगेगा और काफी खर्च भी उठाना पड़ेगा, मगर अन्ततः इसका मुझे पूरा विश्वास है कि मैं रसना के जिस्म का विद्युत्-सन्तुलन ठीक करने में अवश्य सफल हो जाऊँगा।

मगनलाल ने बड़े उल्लासपूर्वक डॉक्टर से हाथ मिलाया। काँपती हुई आशापूर्ण आवाज में बोला–डॉक्टर, तुम इलाज शुरू कर सकते हो।

विलियम रिशर रसना को कई बार सिनेमा ले गया। उसका अनुमान सही निकला। रसना रोमांटिक चित्र बिलकुल पसन्द नहीं करती थी और ज्यादातर 'हारर' चित्र देखना चाहती थी। ऐसी तस्वीरें जिनमें अपराध, मारधाड़ हो या जिनमें रहस्यमय और भयानक वातावरण हो। शारीरिक पीड़ा के भयभीत करने वाले दृश्य हों। ऐसे चित्रों से उसके मस्तिष्क को एक अजब शान्ति का आभास होता था। विलियम रिशर उसे कई बार समुद्र के किनारे टहलाने ले गया और उसका अन्दाज सही निकला। रसना को शान्त सोया हुआ समुद्र प्रिय नहीं था। बिफरे हुए सागर की तूफानी लहरें उसे बहुत भाती थीं।

जी चाहता है कि मैं दौड़कर इसमें कूद जाऊँ–रसना डॉक्टर की ओर देखकर बोली। वे उस समय समुद्र के किनारे एक सुनसान तट पर खड़े थे। दूर-दूर तक कोई आदमी नजर नहीं आता था।

तो कूद जाओ–डॉक्टर ने कहा।

–मुझे तैरना नहीं आता।

—कोई बात नहीं, कमर तक पानी में नहाओ। दूर तक आगे मत जाना।

मैं डूब जाऊँगी—रसना ने काँपकर कहा।

मैं तुम्हें बचा लूँगा। मुझे तैरना आता है—विलियम रिशर ने कहा।

—सारे कपड़े उतारो और पानी में घुस जाओ।

हाय—रसना एकदम खुशी और डर के मारे बोल पड़ी—मेरे पास तो बिकिनी भी नहीं है।

—परवाह न करो, मैं मुँह फेर लेता हूँ। तुम कपड़े उतारकर समुद्र में घुस जाओ तो मुझे आवाज देना।

नहीं—रसना शरमाते हुए बोली। उसके कपोल लाल हो उठे थे। और तेज हवा से उसके बाल बिखर-बिखरकर उसके माथे पर आ रहे थे। विलियम रिशर ने उसके काँपते कन्धों पर हाथ रखते हुए कहा—जैसा मैं कह रहा हूँ वैसा ही करो।

—तो अपना मुँह उधर कर लो।

लो कर लिया—डॉक्टर बोला।

धीरे-धीरे झिझकते हुए रसना ने सारे कपड़े उतार दिए। केवल एक चड्डी और चोली पहने हुए पानी में घुस गई और लहरों से खेलने लगी। यकायक हँसी का फव्वारा उसके मुँह से उबल पड़ा। वह चीखकर बच्चों की-सी चंचल आवाज में बोली—तुम भी आ जाओ, पानी बहुत मजेदार है।

पानी रसना के सारे जिस्म पर गुदगुदी कर रहा था। झाग के सफेद-सफेद बुलबुले उसके शरीर को चूम रहे थे। चारों ओर पानी-ही-पानी की बाँहें। वह और भी समुद्र के भीतर पानी में घुस गई।

—आ जाओ समुद्र बहुत मजेदार है।

आगे मत जाओ—रिशर ने उसे चेतावनी दी।

मैं तो जाऊँगी—रसना बच्चों की तरह जिद करती हुई बोली।

वह दो कदम और पानी के अन्दर चली गई। समुद्र की एक बहुत बड़ी उछाल यकायक उसके बदन से टकराकर टूट गई। पानी बहती

हुई भावनाओं की भाँति उसके बदन पर से गुजर रहा था। झाग की पिघली चाँदी-जैसी कतरनें आवारा कहकहों की तरह उसके शरीर पर नृत्य कर रही थीं। खुशी से बेकाबू रसना हँसने लगी। लहरें दूर-दूर तक अँगड़ाइयों की तरह टूटने लगी थीं। खुला नीला आसमान—रिशर की आँखों की तरह साफ, बेदाग, दूर-दूर कहीं-कहीं पर ऊँचे लम्बे नारियल के दरख्त। रिशर के जवान और मजबूत शरीर की तरह तन्दुरुस्त और अकेले समुद्र का गुँजीला आर्केस्ट्रा और लहरों की जवान बाँहें।

रसना ने दो कदम और आगे को लिए। अब पानी उसके कन्धों तक था।

अब आगे मत जाओ—रिशर मुस्कराकर बोला और अपने कपड़े उतारने लगा। रसना उसे अपने कपड़े उतारते हुए देख रह थी।

रिशर ने कमीज उतार दी थी। उसके भूरे-भूरे बाल हवा में हौले-हौले हिलने लगे थे जैसे ऊपर पेड़ की चोटी पर हवा से हिलती हुई नारियल की हरी-हरी मोरपंखियाँ।

अपनी आँखें बन्दर कर लो।—रिशर अकड़कर बोला।

रसना जोर से हँसी। उसने अपनी आँखें बन्द कर लीं। अचानक समुद्र की दूसरी उछाल आई और रसना के सिर से गुजर गई। जब गुजर गई तो रसना का कहीं अस्तित्व न था। केवल भँवरों के थपेड़े थे और झाग उगलता हुआ समुद्र। कुछ क्षणों के बाद निकट के पानी में रसना का शरीर रिशर को हाथ मारता नजर आया। वह उछलकर पानी में कूद गया। मैं डूब रही हूँ—अचानक रसना जोर से चिल्लायी और डूब गई। फिर दोबारा उभरी तो रिशर की बाँहों ने उसे ऊपर उठा लिया। वह पानी में बहुत दूर गहरी नहीं गई थी। जल्दी ही रिशर ने मामले को सँभाल लिया। अब वह उसे बाँहों में लटकाए हुए तट की ओर ला रहा था।

रसना पानी की कुल्लियाँ करती थी। डर से उसके सीने से लिपटी जा रही थी। भय से हाँफती थी। बच जाने से प्रसन्न थी। रिशर की बाँहें बहुत आरामदेह थीं। इसीलिए उसे कुछ बुरा भी लगा, जब साफ

खुश्क रेत पर आकर रिशर ने उसे अलग लिटा दिया। 'इट वाज–इट वाज टच एण्ड गो'–हाँफते हुए अंग्रेजी में बोली।

'नेव्हर!'–रिशर ने मजबूत लहजे में कहा–तुम मेरे इतने निकट थीं तभी तो मैंने तुम्हें पानी में जाने की अनुमति दी थी।–रसना की गोल-गोल कोहनियाँ रेत में गीले गढ़े बना रही थीं। वह अपने बाजू सिकोड़कर इन गढ़ों में अपनी अँगुलियाँ फेरती हुई बोली–अगर मैं डूब जाती तो तुम क्या करते?

–मैं समुद्र को आवाजें देता और लहरों की उछाल में तुम्हारा शरीर वीनस की भाँति निकल आता।

डॉक्टर रिशर–रसना बोली।

–मुझे विल कहो।

–विल!

–हूँ।

–जानते हो आज तुमने मेरी जान बचाई है।

मगर विल देर तक कुछ नहीं बोला, उसने अपने हाथ छाती पर बाँधे हुए थे और आँखें बन्द कर ली थीं। शायद वह सो रहा था। फिर रसना भी नहीं बोली। केवल समुद्र देर तक गर्जना करता रहा। कभी-कभी कोई लहर कानों में कुछ फुसफुसा जाती थी। सरगोशी कर जाती थी। कोई पौन घंटे बाद जब धूप के तौलिए ने उनके शरीर खुश्क कर दिए तो रसना एकदम चौंककर उठी। डॉक्टर को अपने हाथ से झँझोड़कर बोली–उठो! घर नहीं चलोगे क्या?

कपड़े पहनकर वह दोनों गाड़ी की ओर चले। यकायक रसना ने अपने दाहिने कान को हाथ लगाकर कहा–मेरे कान की एक बाली शायद पानी में डूब गई।

–कीमती थी?

–हीरों की थी।

–कोई हर्ज नहीं। कोई मछली उसे निगल लेगी। कोई मछेरा जाल डालकर मछली को पकड़ लेगा। किसी दुकान से कोई गरीब औरत उस

मछली को खरीद लेगी और जब उसका पेट चाक करेगी, तो वह चमकती हुई हीरे की बाली एक चमत्कार की तरह निकलेगी।

रसना जोर से हँसी—तुम कितनी दिलचस्प बातें करते हो। ऐसी दिलचस्प बातें तो मेरे पति ने कभी मुझसे नहीं कीं।

विल बड़ी गम्भीरता से बोला—पति ऐसी बातें नहीं करते।—बटन दबाकर गाड़ी स्टार्ट कर दी। जब गाड़ी स्टार्ट होकर चलने लगी, तो दूर चट्टानों की ओट में छिपा हुआ मगनलाल देर तक गर्दन घुमाकर आधे घेरे में घुमती हुई गाड़ी को घूरता रहा। फिर जब गाड़ी मोड़ से ओझल हो गई तो उसने अपनी आँखें समुद्र की लहरों पर जमा दीं जिधर उसकी बंसी की डोर पड़ी थी। देर तक वह बंसी की डोर को हिलाए बिना समुद्र की लहरों को देखता रहा।

बहुत रात गए तक मगनलाल अपने घर में घूमता रहा। आज उसने यह बहाना कर लिया था कि वह काम में बहुत लीन है। रात के खाने पर भी नहीं आया था। अपना खाना उसने अजायबघर में ही मँगा लिया था। खाना खाकर और फ्रेंच कोन्याक के दो छोटे-छोटे जाम पीकर वह शीनी की मूर्ति को उसके बक्से में से खोलने लगा। यह बक्सा आज ही लन्दन से हवाई जहाज द्वारा आया था। बक्से में शीनी का मशूहर मुजस्समा बन्द था। इस मुजस्समे या मूर्ति का नाम था 'अँगड़ाई'। एक नारी अँगड़ाई तोड़ रही थी। मगनलाल बहुत उत्सुकता से बुत को बक्से में से निकालने लगा।

बहुत रात गए खाना खाने के बाद डॉक्टर और रसना देर तक बातें करते रहे। पहले खाने के कमरे में फिर विलियम के कमरे में जो रसना के कमरे से लगा हुआ था। विल के हाथों पहली बार रसना ने थोड़ी पोर्ट चखी। वह पीती नहीं थी, मगर विल ने आग्रह किया कि यह भी इलाज में शामिल है। शोपाँ का संगीत धीरे-धीरे रिकार्ड पर चल रहा था। रसना की आँखों में मधु छलकने लगा। वह मानो आती हुई निद्रा की अर्धचेतना के नशे में बोली—मुझे नींद आ रही है।

—तुम अपने कमरे में जाओ, मैं अभी आता हूँ।

रसना ने चौंककर कहा—तुम क्यों आते हो?

—तुम्हारे शरीर पर मालिश करूँगा।

रसना अपने कमरे में चली गई।

शीनी की काली नारी की मूर्ति कयामत-भरे पोज में थी। मगनलाल ने उसे एक कोने में खड़ा करके चारों ओर से बड़े गौर से देखा। बिलकुल बे-ऐब, बेनुक्स। हद दर्जे उत्तेजित करने वाली। वह एक नरम बुरदार कपड़ा लेकर उस स्याह बुत के अंगों को चमकाने लगा। मगन ने अपने रिकार्ड-चेंजर पर एक उदास रूमानी धुन का रिकार्ड लगा दिया था। पत्थर की मूर्ति के सुडौल अंग बुरदारक पड़े पर लगे पालिश से हौले-हौले चमकने लगे। मगन ने बुरदार कपड़ा नीचे रख दिया और अपने हाथ उस मुजस्समे की बाँहों पर फेरने लगा।

—इसका और मेरा तापक्रम कितना मिलता है? यह पत्थर का है और मैं बर्फ का हूँ। बिजली न इसमें है, न मुझमें।

डॉक्टर रिशर ने रसना के कमरे में दो एयर-कंडीशनर लगवाए थे। इस समय उसने इनका टेम्प्रेचर ठीक किया था। बत्तियाँ बहुत धीमी कर दी थीं और अब बहुत गम्भीरता से अपनी कमीज की आस्तीनें ऊपर चढ़ाए हुए रसना की पीठ पर बादामी रंग के मरहम से मालिश कर रहा था। उसके सधे हुए माहिर हाथ—पाँव की पोरों से कमर के खम के उभार तक जाते थे और मालिश के दायरे बनाते हुए लौट आते थे। रिशर ने रसना को बताया था कि इस मालिश का प्रभाव जिल्द के अन्दर तक पहुँचकर धीरे-धीरे रसना के स्नायुमंडल को ठीक कर देगा। डॉक्टर रिशर कमर से कन्धे तक पहुँच गया। अब वह डबलबेड के किनारे खड़े होकर रसना पर झुककर उसके कन्धों और गर्दन पर मालिश कर रहा था। मगर रसना का नाड़ीमंडल ठंडा होने के बजाय उसके अंग-अंग में चिनगारियाँ भर रहा था। धीरे-धीरे वे सुलगने लगीं, पाँव के पोर से लेकर कमर के खम तक वह बिजली की एक तेज लहर

को दौड़ती हुई महसूस कर रही थी। फिर भी वह दाँत पीसकर दम साधे पड़ी रही—हे भगवान! यह बहुत मुश्किल है—बहुत मुश्किल है। उसने जल्दी से बालों की एक लट मुँह में दबा ली। उसके नथुने फूलने लगे थे और साँस जोर-जोर से चलने लगी थी। उसने दोनों हाथों में अपना मुँह छिपा लिया—कल वह मालिश नहीं करवाएगी। साफ इनकार कर देगी।

हौले से डॉक्टर ने बालों की लट उसके मुँह से निकाल ली। अब उसके मरहम से चिकने हाथ उसके बालों में थे। ना-ना! मेरे बालों को मत छुओ। रसना ने अपने दिल में कहा। मगर कुछ बोल नहीं सकी। उसका दम रुकने लगा। रिशर के हाथ आहिस्ता-आहिस्ता उसके बालों में घूम रहे थे। आहिस्ता-आहिस्ता गर्दन और गुद्दी की चुटकियाँ लेते हुए बालों के अन्दर की जिल्द को सहलाते हुए—बालों की एक-एक लट को सँवारते हुए रिशर को ऐसे लगा जैसे वह शोलों में कंघी कर रहा है।

अकस्मात् करवट बदलकर रसना उठी। उसकी आँखों से चिंगारियाँ निकल रही थीं और होंठ जरा खुले थे। उसने महाक्रोध की एक तेज निगाह रिशर पर डाली और अपनी बाजुओं से उसकी गर्दन को जकड़कर पागलों की तरह उसके मुँह को चूमने लगी।

—विल—मेरे विल—मेरे—मेरे—मेरे विल—

अजायबघर में मगनलाल दोनों हाथों से उस काली मूर्ति के पाँव पकड़े हुए रो रहा था—धीरे-धीरे कोने में रिकार्ड चल रहा था—

आज सजन मोरे अंग लगे हैं—
सफल भयो मन देहा

दिन बीतते गए। मगन अधिक-से-अधिक अपने अजायबघर तक सीमित होता गया। महलनुमा घर का जनाना भाग रसना के लिए खुले उल्लास भरे ठहाकों से भरता गया। चाल में ज्यादा लचक आ गई थी और आँखों में चिंगारियों का स्थान एक उजली-सुथरी धूप ने ले लिया

था। ऐसी धूप जो सावन की घटा बरस जाने के बाद आती है। अब रसना हर समय गुनगुनाती रहती। उस पर मूर्छा के दौरे भी नहीं पड़ते थे। कई-कई दिन तक मन्दिर में नहीं जाती थी।

तीन मास बाद डॉक्टर रिशर इंगलैंड चला गया। उसके जाने के छह मास बाद रसना के एक बच्चा हुआ। करोड़पती कुल का वारिस उत्पन्न हो गया। दादा की खुशी की कोई सीमा नहीं थी।

दान-पुण्य करने के लिए उसने अपनी थैलियों का मुँह खोल दिया। पहली बार जब मगन ने बच्चे को देखा तो देर तक चुपचाप देखता रह गया। रसना ने अपनी आँखें बन्द कर ली थीं। उसका चेहरा एक पूरा नकाब था। डॉक्टर और दो नर्सें करीब खड़ी उसे ध्यान से देख रही थीं। दादा भी एक कोने में खड़े गौर से देख रहे थे।

बच्चा बहुत सुन्दर था। गुलाबी-गुलाबी फूले हुए गाल और उनके ऊपर नीली आँखें और गोरे-गोरे दूधिया हाथ-पाँव वाला नन्हा-मुन्ना पालने में पड़ा प्रसन्नता से ठुमक रहा था।

मगनलाल ने झुककर उस शिशु को गम्भीरता से अपनी बाँहों में उठाया। उठाकर अपनी छाती से लगाया। उसके माथे को ऐसे चूमा जैसे सलीब को चूम रहा हो। फिर बहुत एहतियात से बच्चे को पालने में रख दिया और चुपचाप कुछ कहे बिना कमरे से बाहर चला गया।

दूसरे साल डॉक्टर रिशर इलाज के लिए फिर आया। आया तो वह दो मास के लिए था, किन्तु रसना ने आग्रह करके उसे और तीन मास के लिए रोक लिया। उसके जाने के सात मास बाद फिर एक लड़का हुआ, पहले से अधिक सुन्दर और तन्दुरुस्त।

दूसरे बच्चे की जचगी से अवकाश पाकर रसना भी स्विट्ज़रलैंड चली गई। अपने दोनों बच्चों को लेकर उसका इरादा कुछ महीने योरुप का भ्रमण करने का था। करोड़पती सेठ ने यह व्यवस्था कर दी थी कि इस बीच डॉक्टर रिशर रसना के साथ रहेगा और हर समय उसके स्वास्थ्य का खयाल रखेगा।

जब रसना योरुप चली गई तो उसके कुछ दिन बाद एक रात

मगन अपने बाप के शयन-कक्ष में पहुँचा और उसने कहा—अब जब कि आपके वंश के दो बारिश पैदा हो गए हैं, बल्कि मुमकिन है तीसरा भी हो जाए, मैं यहाँ से जाना चाहूँगा।

—जहाँ जाना चाहो, जा सकते हो। मैंने आज तक तुम्हारी कौन-सी इच्छा पूरी नहीं की। मैं तो चाहता था कि योरुप के सफर में तुम भी रसना के साथ जाते, मगर तुमने स्वयं ही इनकार कर दिया था। अब कहाँ जाना चाहते हो?

आप समझते नहीं—मगन ने अपने बाप से कहा—मैंने इस घर को छोड़ने का फैसला कर लिया है।

—किसी दूसरे घर में रहना चाहते हो?

नहीं—मगन रुक-रुककर कहने लगा—मैं वास्तव में इस घर को हमेशा के लिए छोड़ देना चाहता हूँ। मैं आपसे एक पैसा भी नहीं लेना चाहता। केवल कुछ चीजें यहाँ से लेकर चला जाऊँगा।

—मगर क्यों?

कारण आप जानते हैं।

सेठ चुन्नीलाल कुछ देर चुप रहा, फिर कुछ सख्त लहजे में बोला—मूर्ख मत बनो, तुम अगर मेरी जगह होते तो यही करते। जानते हो हमारा वंश भारत के पहले तीस वंशों में से है—दौलत और ताकत के एतबार से। यही तीस खानदान हिन्दुस्तान पर हुकूमत करते हैं। वजीरों के नाम और पद हमेशा बदलते रहते हैं। मगर दरअसल राज्य हमारा ही है। तुम क्या कहना चाहते हो? इस ताकत और दौलत को बेऔलाद छोड़ देता और शत्रुओं के हाथों में जाने देता।

—वे बच्चे मेरे बच्चे नहीं हैं। और वह पत्नी भी मेरी पत्नी नहीं है।

—इस तरह तो यह दौलत जो हमने पिछले सौ सालों से इकट्ठी की है हमारी नहीं है। ऐसे खोखले उसूल स्टेज और धार्मिक पुस्तकों में ही अच्छे लगते हैं। जीवन में इनका क्या काम? तुम्हारे पूर्वज इन उसूलों पर चलते तो हम दोनों आज फुटपाथ पर होते! मूर्ख न बनो।

मगनलाल ने क्रोध में अपने कन्धे उचकाए। उसके बाप ने मगन को कन्धे से पकड़कर करीब की एक कुर्सी पर बिठा दिया और स्वयं पलंग पर बैठ गया। कुर्सी और पलंग के बीच एक तिपाई थी जिस पर उसके खूबसूरत पोतों की तस्वीरें केबिनेट साइज में जड़ी रखी थीं।

सेठ चुन्नीलाल बहुत देर तक उन दोनों बच्चों के फ्रेम से खेलता रहा। उसकी बेचैन अँगुलियाँ कभी एक फ्रेम पर जातीं कभी दूसरे फ्रेम पर। आखिर उसने निगाह उठाकर अपने बेटे की ओर देखा और तस्वीरों की ओर इशारा करके बड़े तीखे स्वर में बोला—एक दिन मैं भी इसी तरह पैदा हुआ था।

उसने वह दुनिया छोड़ दी थी और अब अकेला शहर की सड़कों पर घूम रहा था। आते समय उसने अपने साथ कुछ नहीं लिया था। केवल चाँदी के उस फ्रेम को, जिसमें मैं बन्द था, उठाकर अपनी जेब में डाल लिया था। जेब में कुछ आने थे। और वह इसी तरह घर से निकल आया था चोरों की तरह। बाप को बताए बगैर, कोई चिट्ठी छोड़े बिना, मगर यह उसने पक्का फैसला कर लिया था कि अब वह उस घर में कभी वापस नहीं जाएगा। वह कैसे अपना जीवन व्यतीत करेगा? उसे-कुछ नहीं मालूम था। वह क्या काम कर सकता है उसे यह भी नहीं पता था। दरअसल आज तक जिस दिन से वह पैदा हुआ था उसने कभी कोई काम नहीं किया था। उसका सारा शरीर आज तक मुकम्मल बेकार रहा था। हाथ-पाँव, दिल-दिमाग, रग-रेशे, नसें सभी बेकार रहे थे। जीवन-भर उसे चाँदी के चमचे से दूध पिलाया गया था। बेबहार के अंगूरी दानों की तरह उसे हमेशा नरम रुई और रेशम में लपेटकर रखा गया था। उसे अपने शरीर को कभी ठीक से इस्तेमाल करने का मौका ही नहीं मिला...

कुछ भी हो वह कभी वापस नहीं आएगा। देर तक सड़कों पर इधर-उधर घूमता रहा। उद्देश्यहीन—आवारा—वह घूमना जानता था। वह चलते रहना जानता था—उसे डर था कि यदि वह कहीं रुक गया

तो कहीं वापस न चला जाए। अपनी जिन्दगी में आज तक वह कभी इतना नहीं चला था। महज चन्द कदम चला था। पोर्च से गाड़ी तक, लिफ्ट से बरामदे तक, बस पैदल चलने के यही कुछ कदम याद थे। दर्द के मारे जिस्म से पसीना बह रहा था। फिर भी वह चलता गया। रात के ग्यारह बजे वह थककर सदानन्द रोड के नाके पर एक बारह-मंजिला ऊँची मगर अधूरी बिल्डिंग के बाहर रोड़ी और बजरी के ढेर पर सो गया। सामने से समुद्र की खुली सुहानी हवा के झोंके आ रहे थे। वह कमर सीधी करके पाँव फैलाए ही सो गया।

वह कब तक सोता रहा उसे मालूम नहीं था। यकायक किसी ने उसे जोर से झिंझोड़कर जगाया। हड़बड़ाकर उसने आँखें खोल दीं। तेज धूप का प्रकाश उसकी आँखों में भाले की तरह चुभ गया। वह पलकें झपकाता, आँखें मलता जल्दी से उठ बैठा...

13

एक कसे बदन वाली स्वस्थ काली औरत बजरी की टोकरी उठाए उसके सिर पर खड़ी थी। मगर पहले तो उसने सिर्फ उसकी नंगी काली पिण्डलियाँ देखी थीं–उन्हें देखकर वह एकदम चौंक गया–शीनी की प्रतिमा! जल्दी से उसकी दृष्टि ऊपर गई।

–ऐ बाबू, उठ। कब तक सोता रहेगा?

उसके सफेद दाँत बिजली की तरह चमके–क्या रात को दारू ज्यादा चढ़ा गए थे?

इतना कहकर उसने ढेर से टोकरी में बजरी भरी और टोकरी को उठाकर उसके जवाब का इन्तजार किए बगैर बिल्डिंग की ओर चली गई। वह देर तक उसकी लचकती कमर और डोलती छातियों की ओर आश्चर्य से देखता रहा। क्या शीनी ने इसी नारी को देखकर पत्थर की मूर्ति बनाई थी? वह उठकर बैठ गया और उसने अपने दोनों बाजू अपनी टाँगों पर बाँध लिए और घुटनों पर अपनी ठोड़ी को टिका लिया और उस नारी को देखने लगा, जो अब फिर बजरी उठाने उसके निकट आ रही थी। वह बोली–अब घर जाओ!

वह बोला–घर तो छोड़ आया।

–तो धन्धे पर जाओ।

मैं कोई धन्धा नहीं जानता–वह अफसोस से सिर हिलाकर बोला।

—तो अब तक कैसे जिन्दा थे?

—जिन्दा भी था कि नहीं इसमें शक है।

अजीब आदमी हो—औरत ने हैरानी से सिर हिलाया। उसकी एक चमकती हुई लट उड़कर उसके बालों से नीचे गिरकर हिल रही थी।

मुझे प्यास लगी है—मगनलाल ने अपने खुश्क होठों पर अपनी खुश्क जीभ फेरी।

—वह उधर सीमेंट और बजरी मिलाने की जगह पर पानी का नल है—जल्दी से जाकर पी लो।

वह पानी पीकर आया और फिर उसी बजरी के ढेर पर बैठ गया।

तुम जाते क्यों नहीं?—उस काली औरत ने फिर टोकरी में बजरी भरते हुए पूछा।

—भूख लगी है।

भूख लगी है तो कोई काम करो—वह टोकरी उठाकर फिर चली गई।

जब वापस आई तो मगन ने कहा—मुझे कोई काम दिलवा दो।

—क्या काम कर सकते हो?

—जो तुम कर सकती हो?

—मैं तो बजरी ढोती हूँ।

—मैं भी ढो लूँगा।

वह उसके पीले चेहरे और दुबले-पतले शरीर को देखकर हँसी। कुछ कहा नहीं उसने। टोकरी उठाकर चली गई। फिर जो वापस आई तो सफेद बालों वाले और सफेद मूँछों वाले एक बुड्ढे को साथ लेकर आई।

मगन को देखकर उस सफेद मूँछों वाले बुड्ढे के मुँह पर एक मुस्कान आई।—उठकर खड़े हो जाओ—वह बोला। मगन उठकर बजरी के ढेर पर खड़ा हो गया। बुड्ढे ने उसे सिर से पाँव तक देखा फिर बोला—काम करेगा।

—करेगा।

—इधर मर्द लोग को डेढ़ रुपया रोज मिलता है, औरत लोग को एक रुपया मिलता है। तुम्हारा शरीर बहुत दुर्बल है, जनानी के माफिक—वह हँसा—तुमको सिर्फ एक रुपया रोज मिलेगा—चलेगा?

—चलेगा।

—तो उठाओ टोकरी और बजरी भरो!

दिन-भर वह बजरी भरता रहा। पहली बीस-पच्चीस टोकरियों में तो उसे कोई तकलीफ नहीं हुई, फिर धीरे-धीरे उसके अंग बुरी तरह दुखने लगे। टोकरी भारी प्रतीत होने लगी। जिस्म से पसीना छूटकर बहने लगा। सूरज की किरणें सुइयों की तरह उसके जिस्म में चुभने लगीं। उसे बार-बार प्यास लगने लगी। हाथ-पाँव भारी महसूस होने लगे, जैसे उसकी रगों में खून की बजाय पिघला हुआ सीसा बह रहा हो। फिर भी वह दाँत पीसकर दिन-भर टोकरी उठाता रहा। दिन में दस बार उसे विचार उठा कि वह टोकरी फेंककर चला जाए। सड़क पर से गुजरती हुई किसी टैक्सी को आवाज देकर रोक ले और सीधा अपने सुख और आनन्द के संसार में पहुँच जाए—मगर वह दाँत पीसकर काम करता रहा। शाम को जब उसे छुट्टी मिली, तो वह उसी बजरी के ढेर पर खाली टोकरी फेंककर हाँफता हुआ लेट गया। शाम की समुद्री हवा हौले-हौले उसके शरीर का पसीना सुखाती गई। उसे नींद आने लगी। वह अपने शरीर में बहुत दुर्बलता अनुभव कर रहा था। उसे मालूम ही नहीं हुआ कब उसकी आँखें बन्द हो गईं—कब वह सो गया। एकाएक रात को किसी ने उसे झँझोड़कर जगाया—वह काली औरत उसके सिर पर झुकी हुई कह रही थी—उठो, खाना खा लो—क्या भूखे ही सोओगे?—उसने घबराकर इधर-उधर देखा। समुद्र बहुत धुँधला हो चला थ:। बारहमंजिला अधूरी बिल्डिंग दानव की भाँति मुँह फाड़े खड़ी थी। उसके पैरों पर मजदूरों की छोटी-छोटी टोलियाँ खाना खाने या पकाने में लीन थीं।—आवाजें, गालियाँ, हँसी—औरतों की चहकारें—नंग-धड़ंग काले बच्चे।

एक मोटी चपाती पर उस काली औरत ने थोड़ा-सा साग दिया।

पहले तो मगन की समझ में नहीं आया वह इसका क्या करे। वह छुरी-काँटों से खाना खाने का आदी था। और कोई तरीका उसकी समझ में नहीं आता था। मगर उसे अब भूख भी जोरों से लग रही थी। उसने चपाती को तोड़-ताड़कर गम्भीरता से एक सासेज-नुमा सैंडविच बनाया और उसे बड़ी अदा से खाने लगा। काली औरत मुस्कराकर उसकी ओर देखती रही। खाकर उसने कहा—एक चपाती और दो।

नहीं—वह बोली—आजकल, राशन महँगा है। पहले हम दो चपाती खाते थे, अब सब लोग सिर्फ एक चपाती खाते हैं।

—मगर मुझे बहुत भूख लगी है।

—तो नल से ज्यादा पानी पीकर सो जाओ, पर दूसरी चपाती नहीं मिलेगी।

नल से पानी पीकर वह अपनी जगह पर लेट गया। मगर अब उसे नींद नहीं आ रही थी। आसमान में तारे खिले हुए थे। वह देर तक उन्हें देखता रहा। फिर उसने करवट बदल निकट लेटी हुई नारी को देखा—वह भी खुली आँखों से उसकी ओर देख रही थी।

तुम्हारा नाम क्या है?—मगन ने उससे पूछा।

तुलसी।—वह बोली।

—तुम्हारा घर वाला किधर है?

—मैंने अपने घर वाले को छोड़ दिया है।

—क्यों?

—दारू पीता था।

—कोई बाल-बच्चा है?

—एक लड़की थी—तानी, वह मर गई।

देर तक वह चुप रहा। हवा के हल्के-हल्के झोंके आते रहे और मगन के बदन को गुदगुदाते रहे। तुलसी ने अपने दोनों बाजू अपनी छातियों पर बाँध लिए थे और प्रकट में आकाश के देखने में खोई हुई थी। वह अचानक बोली—तुम्हारा नाम?

—मगन।

—घर वाली?

—वह मुझे छोड़कर चली गई है।

—कोई बाल-बच्चा?

—कोई नहीं—!

फिर रात-भर तुलसी नहीं बोली। मगन भी तारे गिनते-गिनते सो गया। सुबह उठा तो उसका सारा शरीर तप रहा था और दुख रहा था पर उसने तुलसी को कुछ नहीं बताया—टोकरी उठाकर दिन-भर काम करता रहा। कभी-कभी उसे ऐसा महसूस होता था कि काम करते-करते उसका दम निकल जाएगा। फिर भी दाँत पीसकर काम करता रहा। शाम को बिलकुल बेदम होकर जमीन पर बेसुध पड़ गया। रात को तुलसी ने उसे जगाया। वह हाथ में थाली लिए उसके सिरहाने बैठी थी और उसकी ओर सहानुभूति से देख रही थी।

—तुम्हें तो बुखार है।

—यूँ ही सा है।

—कोई दवा लोगे?

—नहीं, कल तक ठीक हो जाऊँगा।

—उठो, खाना खा लो। आज तुमको दो चपातियाँ मिलेंगी।

तुलसी ने थाली उसके सामने रख दी और अपना खाना उसमें से उठा लिया।

—तुम थाली ले लो—मैं अपनी चपातियाँ हाथ में रखकर खा लूँगा।

नहीं तुम थाली ले लो।—तुलसी ने आग्रह किया।

मगन ने थाली में खाना खाया। खाना खाते ही सो गया। कुछ तो बुखार था, कुछ थकान—बिलकुल बेसुध होकर सो गया। रात को तुलसी दो-एक बार उठी। उसने मगन को बजरी के ढेर पर बिलकुल बच्चों की तरह सोते देखा—गोल गेंद की तरह—घुटनों में अपना मुँह छिपाए हुए। तुलसी ने अपना पुराना फटा-सा मगर गरम लिहाफ उस पर डाल दिया। बहुत सुबह-सबेरे जब मगन को प्यास लगी तो उसने

तुलसी के लिहाफ को अपने ऊपर देखा। करीब ही तुलसी बेखबर सो रही थी। तारे मन्द पड़ रहे थे। बारहमंजिला बिल्डिंग के अधूरे दरवाजों-खिड़कियों की मुस्ततीलों में से प्रकाश छनकर आने लगा था। उसने अपने माथे पर हाथ रखा—बुखार कल से भी तेज था और हथेलियाँ बजरी उठा-उठाकर सूज गईं थीं।

आज उसे काम करते हुए बेहद कष्ट हो रहा था। उसे लगता था जैसे उसका शरीर लकड़ी के जोड़ों से बना है या मशीन के जंग खाए हुए पुर्जों से। आज बहुत जल्द हाँफ जाता है। आँखों के आगे तिरमिरे-से नाचने लगते हैं। कभी-कभी सारा आसमान बदल जाता है। सिर में चक्कर आता है। तुलसी ने उसे काम करने से मना किया मगर वह न माना। किसी-न-किसी तरह दिन-भर टोकरी ढोता रहा। शाम तक बुखार आप-ही-आप कम हो गया। बदन हल्का-हल्का लगने लगा। दूसरे दिन बुखार और भी कम हो गया। तीसरे दिन खुद-ब-खुद टूट गया किसी दवा के बगैर। मगर हाथों की बुरी हालत हो चुकी थी। टोकरी ढोते-ढोते खाल तक उधड़ने लगी थी। तीसरी रात यह हालत हो गई कि वह अपने हाथों से खाना भी नहीं खा सकता था।

—मेरे पास आओ, मैं तुम्हें खिला दूँ।

नहीं—मगन ने सिर हिलाकर इनकार किया, मगर रोटी उठाकर जो नि वाला तोड़ना चाहा तो नि वाला उसके हाथ से गिर पड़ा। और करो—तुलसी गरजकर बोली और उसने मगन की थाली को अपने करीब सरका लिया। मगन उसके करीब चला गया। वह एक नि वाला तोड़कर उसके मुँह में देती, एक नि वाला अपने मुँह में रखती। दोनों जबड़े चलाते हुए प्रसन्न निगाहों से एक-दूसरे को देखने लगे। तुलसी की आँखें तारों-सी चमक रही थीं और मगन को ऐसा महसूस हो रहा था जैसे उसके अंग-अंग में समाया हुआ बरसों का जंग धीरे-धीरे घुल रहा है। उसकी आत्मा के चारों ओर जमा हुआ बर्फ का घेरा हौले-हौले पिघल रहा है।

खाना खिलाकर और थाली-बर्तन साफ कर तुलसी ने कहीं से

एक छोटी-सी शीशी निकाली और मगन के हाथों को धीरे-धीरे चुपड़ने लगी। तेल चुपड़कर उसने अपनी एक बहुत पुरानी साड़ी निकाली और उसे फाड़-फाड़कर उसने मगन की हथेलियों को बाँध दिया।

दूसरे दिन मगन उन्हीं धज्जियों से बँधे हाथों से टोकरी उठा-उठाकर काम करता रहा। अगले चार-पाँच दिनों में उसके हाथों के जख्म भर गए। सूजन गायब हो गई। हाथों में सख्त गट्ठे पड़ गए। अब वह बिना किसी कष्ट के अपने हाथों से बजरी भर सकता था। उसके शरीर का पीलापन धीरे-धीरे दूर होता गया। शरीर सँवलाता गया। खुली धूप, खुली हवा और रात की खुली फिजाँ से उसके बदन में एक नई ताकत दौड़ने लगी थी। पन्द्रह-बीस दिनों में वह इतना अच्छा काम करने लगा कि सफेद मूँछों वाले बुड्ढे ने उसे तरक्की देकर मर्दों के ग्रेड में रख दिया। अब उसे डेढ़ रुपया मिलने लगा। वह तुलसी को दिन के खाने के पाँच और रात के खाने के छह आने देता था। दो आने की चाय पीता था। कभी चार आने की। बाकी पैसे वह तुलसी के पास रख देता था। उसके जूते टूट गए थे। पतलून फटकर बेकार बन गई थी और घुटनों से जरा नीचे चिथड़ों की तरह लटक रही थी। मगर वह प्रसन्न था।

कुछ दिन बाद तुलसी उसके लिए भूरे रंग की एक लुंगी ले आई। अपनी नेकरनुमा चिथड़ा हो चुकी पतलून उतारकर वह लुंगी पहनने से पहले तो मगन ने इनकार किया मगर तुलसी का रुख देखकर मान गया। आज वह खूब नहाया। पहली बार तुलसी ने उसके कपड़े धोए। आज मुस्कान थी कि उसके मुख पर बिखरी जाती थी। वह हँस रही थी और गुनगुना रही थी और जब चलती थी तो फिजाँ में उसका जिस्म अवाबील की तरह डोलता और तैरता हुआ मालूम होता था।

इसी तरह काम करते-करते एक मास और बीत गया। मगन अपने जिस्म में एक नई फुर्ती, चुस्ती और शक्ति अनुभव करने लगा। उसका सारा शरीर सँवला गया था। बाँहों की मछलियाँ उभर आई थीं और पाँव के तलुए बजरी की तरह सख्त हो चले थे। बिल्डिंग भी पूरी

बन चुकी थी। कुछ दिनों में काम खत्म होने वाला था। फिर उन्हें यह बिल्डिंग छोड़ देनी पड़ेगी।

फिर हम क्या करेंगे?—मगन ने परेशान होकर तुलसी से पूछा। तुलसी बड़ी लापरवाही से बोली—उँह, किसी दूसरी बिल्डिंग पर जाकर टोकरियाँ ढोएँगे—बहुत बिल्डिंगें बन रही हैं। उसके लहजे में ऐसी शक्ति थी कि मगन को विश्वास हो गया। वह करवट बदलकर सो गया।

अभी उसे सोए हुए अधिक समय नहीं हुआ था कि उसके कान शोरगुल की आवाज से चौंक गए और वह आँखें खोलकर जाग गया। एक आदमी तुलसी को दोनों हाथों से घसीटकर पीटने की कोशिश कर रहा था। तुलसी जोर-जोर से चिल्ला रही थी और अपने-आपको छुड़ाने की चेष्टा कर रही थी। दोनों में हाथापाई हो रही थी। एकदम मगन घबराकर उठ बैठा और दोनों के निकट जाकर बोला—क्या है?

तुमको क्या है?—वह आदमी गुर्राकर बोला—यह मेरी घर वाली है। इसको ले जा रहा हूँ।

न तू मेरा घर वाला है—न मैं तेरी घर वाली हूँ। मैं तुझे छोड़ चुकी। —तुलसी गुस्से से चीख रही थी—जबसे तूने मेरी तानी की जान ली मैं तुझको छोड़ चुकी। आज डेढ़ साल के बाद तुझको अपनी घर वाली की याद आई है?

जाने दे, जाने दे—दूसरा आदमी जो तुलसी के घर वाले से भी लम्बा-तड़ंगा था तुलसी को समझाता हुआ बोला—इसको माफ कर। घर चल।

—नहीं, मैं इसके साथ कभी नहीं जाऊँगी। कभी इसके संग नहीं रहूँगी। दारू पीकर इसने मुझे भूखा मार डाला। मेरी सारी कमाई भी छीन लेता था और दारू पी जाता था।

अब नहीं पीएगा—दूसरा आदमी बोला।

—कैसे नहीं पिएगा। अभी-अभी भी दोनों दारू पीकर आए हो।

चलती है कि मार खाएगी?—खाकरे ने तुलसी को मारते हुए कहा। मगन लपककर खाकरे के सामने आ गया और क्रोधपूर्वक

बोला—इसको छोड़ो।

—क्यों छोड़ूँ, क्या तुम इसके यार हो?

मगन ने उसके मुँह पर घूँसा मारा। खाकरे के मुँह से खून निकलने लगा। मगन को बहुत आश्चर्य हुआ। उसे पता नहीं था कि उसके घूँसे में इतनी शक्ति होगी। खाकरे गाली बकता हुआ मगन से लिपट गया। ऐढ़ी मारकर उसने मगन को नीचे गिरा दिया। दोनों जमीन पर ऊपर-नीचे होने लगे—दोनों बजरी के ढेर से लुढ़कते हुए दूर तक नीचे गए। मगन गुस्से में दोनों हाथ-बाजू हिलाकर वार कर रहा था। कुछ देर बाद खाकरे हाँफने लगा तो उसका दोस्त उसकी मदद को बढ़ा। दोनों मिलकर मगन का मुकाबिला करने लगे। मगन बड़ी जाँदारी से लड़ गया। मगर वे दो थे और मगन अकेला था। मगन का पल्ला हलका पड़ने लगा। दोनों मिलकर उसे पीटने लगे तो तुलसी मैदान में आ गई। कभी वह एक को घूँसा मारती और कभी दूसरे से घूँसा खाती। कभी दाँत कटकटाती, कभी पत्थर उठाकर मारती। मगर दूसरा आदमी बहुत तगड़ा था। उसने तुलसी को बहुत जल्दी चित कर दिया और वह बेदम होकर खाकरे के पास ही गिर पड़ी। अब लड़ाई मगन और उस तगड़े आदमी के बीच हो रही थी। मगन दीवाने की तरह लड़ रहा था। ऐसा लगता था जैसे वह लड़ते-लड़ते मर जाएगा, मगर हार नहीं मानेगा। अपने शरीर की पूरी शक्ति लगाकर उसने उस तगड़े आदमी को जमीन पर पटक दिया और करीब से एक बड़ा-सा पत्थर उठाकर उसके सिर पर खड़ा हो गया।—अब उठे तो इस पत्थर से तुम्हारा सर कुचल दूँगा—मगन धीरे-धीरे मगर क्रोध के आवेश में बोला। तगड़े आदमी ने मगन के अचानक ऐसे तेवर देखकर हथियार डाल दिए। लेटे-लेटे अपने दोनों हाथ ऊपर करके बोला—साला दारू पिया है, इस समय लड़ नहीं सकता। सुबह के टेम होता तो तुमको दिखाता। इस टेम हमको माफी दो।

इतने में बहुत-से मजदूर मर्द, औरतें और बच्चे जमा हो गए थे। खाकरे अपने दोस्त को लेकर वहाँ से चला गया। मगन ने पत्थर अपने

हाथ से नीचे फेंक दिया। उस रात सफेद मूँछों वाले बुड्ढे ने मगन और तुलसी को यह सलाह दी कि वह दोनों बाहर बजरी पर न सोएँ बल्कि बिल्डिंग की निचली मंजिल के किसी कमरे में जाकर सो जाएँ। क्या पता ये लोग फिर बदमाशी करें और दूसरे गुंडों को ले आएँ।

एक कमरे के अँधेरे फर्श पर चुपचाप दोनों लेटे थे। समुद्र की विजयी गरज मगन को अपने दिल की धड़कन की गूँज प्रतीत होती थी।

मगन!—तुलसी बहुत धीमे स्वर में बोली।

—आँ।

—तू मेरे लिए क्यों लड़ा?

—ऐसे ही।

—बहुत चोट खाई है?

—नहीं तो।

—जहाँ चोट लगी हो मुझे बता दे।

—कह जो रहा हूँ कहीं चोट नहीं लगी।

—मैं पूछती हूँ मगन तू मेरे लिए क्यों लड़ा?

मगन चुप—देर तक चुप रहा। अकस्मात् उसने महसूस किया कि तुलसी का हाथ उसके जिस्म को धीरे-धीरे टटोल रहा है। हवा की खामोशी से भी ज्यादा कमजोर आवाज में वह बोली—क्या यहाँ चोट लगी है...क्या यहाँ चोट लगी है?

तुलसी की कोमल अँगुलियाँ मगन के शरीर को छूने लगीं। अरे यह क्या हो रहा है—यह क्या हो रहा है—मगन अपने-आपसे पूछने लगा—मेरा जिस्म क्यों गरम हो रहा है—जमीन से बुखारात उठ रहे हैं—समुद्र का शोर अचानक बढ़ गया है—दीवारें साँस ले रही हैं—किसी आनन्दमय भय से काँप रही हैं। मगन को अपने हाथों से चिनगारियाँ-सी उड़ती महसूस होने लगीं। रगों में खून लपट देने लगा। आँखों में शोले नजर आने लगे। उसने बड़ी तेजी से अपनी दोनों बाँहों से घसीटकर तुलसी को अपने सीने पर गिरा लिया! उत्तेजित भावनाओं

से भीगे मगर अग्निमय स्वर में बोला—आ तुझे बताऊँ कहाँ चोट लगी है।

अब वे काम की तलाश में उस बिल्डिंग से बहुत दूर और शहर के दूसरे भाग से गुजर रहे थे। मगन ने तुलसी का हाथ पकड़ा हुआ था और वे दोनों नए विवाहित जोड़े की तरह एक-दूसरे की ओर देखकर आँखों-ही-आँखों में मुस्कराते हुए साथ-साथ चल रहे थे। एक बहुत बड़े महल जैसे भवन को देख तुलसी ठिठककर रुक गई। हैरत से देखने लगी—किसी राजा का महल मालूम होता है।

मगन अपने घर की आलीशान इमारत को देखकर जोर से हँसा। बोला—इस महल में सब नामर्द रहते हैं।

फिर वह तुलसी को घसीटकर आगे ले गया। महल पीछे रह गया। वे खतरे से दूर हो गए।

कई दिन तक उन्हें काम न मिला और वे शहर में मारे-मारे फिरते रहे उसकी सारी जमा पूँजी समाप्त हो गई। पर जब वे तीसरे दिन फाका करने जा रहे थे तो उन्हें बाँद्रा बैंड स्टैंड के नाके पर चारमंजिला अधूरी इमारत में काम मिल गया।

इमारत के सामने सड़क थी। सड़क के उस पार बैंड स्टैंड था, बैंड स्टैंड में एक ईरानी रेस्तराँ के पीछे समुद्र ठाठें मार रहा था।

बिल्डिंग में लेटे-लेटे तुलसी ने कराहकर कहा—मुझे बहुत भूख लग रही है। मगन कुछ समय तक चुप रहा पर जब तुलसी ने हल्की-सी एक सिसकी ली तो उसने यकायक अपनी जेब को थपथपाया। 'मुझे' महसूस किया, उठा, और तुलसी से—अभी आता हूँ—कहकर चल दिया। समुद्र के किनारे आकर उसने मुझे अपनी जेब से निकाला। एक क्षण के लिए मुझे देखा, चाँदी के फ्रेम को देखा, अधूरी बिल्डिंग की ओर मुड़कर देखा। एक पल के लिए उसके मन में यह विचार आया—यदि मैं चाहूँ इसी समय इस अधूरी बिल्डिंग को खरीद सकता हूँ। मगर यह

विचार आते ही उसके शरीर में एक झुरझुरी-सी आई। मानो बर्फ के गाले उसके खून के प्रवाह में गिरने लगे। उसने बड़ी तेजी से चाँदी का फ्रेम उतारकर समुद्र में फेंक दिया और मुझे ले जाकर ईरानी के काउंटर पर रख दिया।—दो बड़े पाव, डबल रोटी और दो आमलेट।

रोटी और आमलेट लेकर और बाकी रेजगारी लेकर वह वापस बिल्डिंग की ओर चल दिया—जिसके निचले बरामदे में एक काली नारी झीनी की मूर्ति की तरह उसका इन्तजार कर रही थी। आप-ही-आप वह खुशी से हँसने लगा क्योंकि उसने दस रुपये के नोट को दस रुपये के नोट की तरह देकर अपनी गुलामी की आखिरी जंजीर भी तोड़ दी थी।

14

केकबाद ईरानी मश्हद से अपना तीसरा विवाह करके आया था। उसकी यह पत्नी बहुत सुन्दर और कोमलांगी थी। केकबाद उसे बहुत चाहता था मगर उस लड़की में एक नुक्स था। रात को जब केकबाद रेस्तराँ बन्द करके जाता तो वह सारे दिन की कमाई धरवा लेती थी। कुछ समय तक केकबाद खुश-खुश पूरी रकम देता रहा, फिर उसे खलने लगा। यह क्या हरकत है–आखिर दुनिया में और भी तो जरूरतें हैं और उन्हें देखना भी जरूरी है। यह सोचकर वह गोलमाल करने लगा। चूँकि उसे अपनी तीसरी पत्नी से बहुत प्रेम था इसलिए अब रोज की कमाई में से पचास प्रतिशत निकालकर ले जाता, बाकी रकम गल्ले में रहने देता जिसे वह दूसरे दिन बैंक में भेज देता। मश्हद की बी-सुन्दरी ने कुछ दिन तो कोई आपत्ति नहीं की। मगर जब ईरानी ने होश गुम कर देने वाली महँगाई का जिक्र किया तो वह मान गई। उसे विश्वास हो गया कि ईरानी अब भी उसे पूरी कमाई लाकर देता है। आज भी केकबाद रेस्तराँ बन्द करते समय गल्ले में से दो सौ रुपये निकालकर ले चला। सवा दो सौ के करीब उसने काउंडर की दराज में रखकर उसे ताला लगा दिया और रेस्तराँ के बाहर रुकने वाली बस पकड़कर अपने घर चला गया।

उसके जाने के कोई तीन घंटे बाद दो चोरों ने समुद्र की ओर से

पिछली दीवार का रोशनदान तोड़कर नकब लगाई। यह सोनू और रोनू थे। ये दोनों चचेरे भाई थे। दोनों मिलकर नकब लगाते थे। तजर्बे ने उन्हें बताया था कि इस तरह नकब लगाने में बहुत आसानी हो जाती है। एक कमन्द लगाता है, दूसरा इधर-उधर देखता रहता है। अन्दर पहुँचकर माल इकट्ठा करने में आसानी रहती है। अगर ऐन मौके पर पकड़े जाएँ तो मुकाबला करने में आसानी रहती है। सोनू और रोनू की गिनती नगर के सफल चोरों में होती थी।

रेस्तराँ के अन्दर पहुँचकर सबसे पहले तो उन्होंने गल्ला तोड़कर उसमें से सवा दो सौ रुपये और नकदी समेट ली। फिर इस बड़े काम से फारिग हुए तो सोनू बोला—मुझे तो भूख लगी है।

आइस्क्रीम खा लो—रोनू बोला।

—यह आइस्क्रीम वाली भूख नहीं है।

सोनू ने इतना कहकर इधर-उधर देखा। टीन के एक लम्बे बक्से पर ब्रिटेनिया लिखा था। उन्होंने बक्सा खोलकर उसमें से ब्रिटेनिया की डबल रोटियाँ निकालीं। दूसरा टिन खोलकर पोल्सन का मक्खन निकाला। खुबनी के जैम का एक डिब्बा खोला और डबल रोटी पर मक्खन और जैम लगाकर खाने लगे। सोनू बोला—मजा नहीं आ रहा है।

—तो चार अंडों का एक आमलेट बनाओ। आधा-आधा बाँटकर खा लेंगे।—

सोनू ने फ्रिज से चार अंडे निकाले। किचन में जाकर बाकी सामान इधर-उधर से ढूँढ़कर गैस पर चार अंडों का एक लजीज आमलेट फ्राई किया। अब किचन में आ गए तो चाय भी बना डाली और फिर सारा सामान किचन से बाहर एक मेज पर रखकर और कुर्सियों पर बैठकर शरीफ ग्राहकों की तरह खाने लगे।

यकायक एक अलमारी के पीछे खड़का हुआ। रोनू और सोनू को जैसे सकता हो गया। चलते हुए जबड़े रुक गए। नि वाला हलक में रह ग़या। दोनों ने एक-दूसरे की ओर देखा। धीरे से दोनों ने अपनी

जेब से चाकू निकाल लिए। दूसरा खड़का हुआ। कोई एकदम उछलकर उनके सामने फर्श पर आ रहा।

मियाऊँ–एक निहायत प्यारी ईरानी बिल्ली थी। अपनी मोहनी आँखें ऊपर उठाए उनकी ओर देख रही थी। बिल्ली को देखकर रोनू और सोनू की जान में जान आई। दोनों ने चाकू बन्द करके जेब में रखे। केक के टुकड़े चाय में भिगो-भिगोकर खाने लगे और चूरा बिल्ली को डालने लगे। बिल्ली ने सूँघकर छोड़ दिया। ईरानी बिल्ली थी, कूड़ा-करकट नहीं खाती थी।

–मियाऊँ।

–अपना हिस्सा माँगती है–रोनू हँसा।

सोनू ने एक प्लेट में दूध डालकर फर्श पर रख दिया। बिल्ली चुपचाप दूध पीने लगी और जब दूध पी चुकी तो लपककर सोनू की गोद में आ रही। सोनू प्यार से उसकी नर्म-नर्म गर्दन पर हाथ फेरने लगा, बोला–बड़ी प्यारी बिल्ली है। जी चाहता है कि इसे भी झोले में डालकर ले चलूँ।

उठो अब–रोनू ने चाय खत्म करके कुर्सी से उठते हुए कहा।

ठहरो–सोनू ने आहिस्ता से बिल्ली को फर्श पर छोड़ते हुए कहा–बच्चों के लिए टॉफी का एक डिब्बा ले लूँ।

सोनू ने टॉफी को झोले में डाला। रोनू ब्रिटेनिया बिस्कुट के डिब्बे को झोले में डालकर बोला–अब चलो।

दोनों चले।

ठहरो–रोनू बोला–कैसी बढ़िया-बढ़िया सिगरेटें यहाँ रखी हैं। सोनू ने सिगरेटों को पसन्द किया। एक डिब्बा झोले में डाला। रोनू ने नाइन-नाइन-नाइन के सिगरेट उठाए। अब वाकई चले चलो–ज्यादा लालच करना ठीक नहीं है–रोनू ने कहा। दोनों चले। चलते-चलते सोनू हारसिंगार की अल्मारी के सामने रुक गया।

–घर वाली के लिए भी तो कुछ लेकर ही चलना चाहिए।

रोनू ने अपनी घर वाली के लिए एक फ्रेंच इत्र की शीशी ली।

सोनू ने आधी दर्जन लिपस्टिक झोले में रखीं और एक यू-डी-कोलोन की शीशी, फिर सिलवर जिलेट के दो पैकेट।

–साला हिन्दुस्तानी ब्लेड किसी काम का नहीं होता।

नहीं, अब तो बेहतर बनने लगे हैं–सोनू बोला–धीरे-धीरे देश उन्नति कर रहा है। अमरीका को देखो सौ बरस लगे हैं–रूस को देखो पचास बरस लगे हैं...

सोनू मैट्रिक फेल था। रोनू को सिर्फ तीन क्लास पढ़कर स्कूल से उठ जाना पड़ा था इसलिए दोनों में सोनू ही बुद्धिमान माना जाता था। रोनू को सोनू की बातें खलती थीं।

अजी, अब ज्यादा काबलियत मत बघारो। फौरन बाहर निकलो–वह बोला–अगर किसी ने देख लिया तो अमरीका और रूस दोनों भूल जाओगे–सीधे जेल जाओगे।

सोनू रोनू के पीछे-पीछे चलता हुआ उस दीवार के निकट आ गया जिसके रोशनदान से रस्सी अभी तक बँधी हुई दीवार से लगी-लगी हिल रही थी। रोशनदान की दीवार से जुड़ी हुई दीवार पर केकबाद ईरानी ने अपने मुल्क के बड़े-बड़े आदमियों की तस्वीरें लगा रखी थीं और उनकी बगल में भारतीय नेताओं के चित्र भी टँगे थे। सोनू ने उनकी ओर दृष्टि डालकर एक ठंडी आह भरी और बोला–अगर मैं चोर न होता तो देश का बहुत बड़ा नेता होता।

रोनू को सोनू की कमजोरी मालूम थी। रोनू पॉलिटिक्स पर बातें करना बहुत पसन्द करता था। वह जानता था यदि उसने सोनू को कोई जवाब दिया तो बहस उलझ जाएगी और सुबह हो जाएगी। इसलिए वह खामोश रहकर रस्सी के सहारे दीवार से पैर टिकाकर ऊपर चढ़ने लगा। रोशनदान पर बाजू टिकाकर उसने सोनू को ऊपर आने का इशारा किया। रोनू रोशनदान तक आया और चालाक बिल्ली की तरह रोशनदान के फ्रेम को दोनों हाथों से पकड़कर पाँव चिपकाकर लटक गया। रस्सी ऊपर खींचकर रोनू ने उसे रोशनदान के बाहर फेंक दिया और उसी रस्सी के किनारे बाहर समुद्र तट पर निकल आया, और

उसके पीछे-पीछे सोनू भी। दोनों जल्दी से देखते-भागते समुद्री चट्टानों की ओट में हो गए और उसकी ओट में भागते-भागते डाँडे के करीब पहुँच गए। अब वह नकब लगाने वाले स्थान से एक मील की दूरी पर थे। सोनू ने घड़ी देखी—तीन बज रहे थे।

—चार बजे पुलिस की पेट्रोल आएगी।

—बहुत समय है।

—तो आओ माल बाँट लें।

दोनों ने अपने-अपने हिस्से के सिगरेट, टाफियाँ, बिस्कुट, लिपस्टिक, सेंट अलग-अलग कर लिए। फिर नकदी की बारी आई जो बराबर-बराबर बाँट ली गई। फिर नोटों की बारी आई, वह भी दोनों ने बराबर बाँट लिए। 'मैं' रोनू के हिस्से में आया। चूँकि रोनू कम पढ़ा-लिखा था इसलिए मुझे देखकर झुँझला गया। वह मुझे सोनू को वापस करता हुआ बोला—यह नोट तुम रख लो मुझे कोई दूसरा दे दो।

—क्यों दे दूँ? क्या यह दस का नोट नहीं है?

—नोट तो है इसीलिए तो कहता हूँ कि दूसरा दे दो।

—क्यों दे दूँ? यही तुमको लेना पड़ेगा।

—'लेना पड़ेगा' का क्या मतलब। मैं यह कह रहा हूँ कि यह नोट बहुत खस्ता है और मैला है—और तुम बाँट रहे हो आज। और तुम जान-बूझकर यह गन्दा नोट मुझे चुकाना चाहते हो।

—जान-बूझकर? तुम्हारा मतलब है मैं तुम्हारे संग बेईमानी कर रहा हूँ?

खुली बेईमानी है।—रोनू गुस्से से बोला—आज मैंने कमन्द लगाई थी। हिसाब से जो कमन्द लगाता है उसको बड़ा हिस्सा मिलता है। मैं इस पर भी चुप हूँ। पर तुम बेईमानी किए जा रहे हो।

—जबान सँभालकर बात करो। पिछली चोरी पर मैंने कमन्द लगाई थी, भूल गए।

—तो तुमने पाँच रुपये भी तो ज्यादा लिए थे।

—तो आज तुम ले लो यह पाँच रुपये और बकबक बन्द करो।

मैं बकबक करता हूँ—रोनू के पूरे शरीर में क्रोध की फुरेरियाँ दौड़ने लगीं—मैं नहीं लेता यह पाँच रुपये। मुझे यह दस का नोट बदलकर दो।

नहीं बदला जाएगा—रोनू ने ललकारकर कहा।

नहीं बदला जाएगा?—सोनू ने तैश में आकर पूछा। उसकी आँखों के आगे चिनगारियाँ नाचने लगीं।

--हाँ-हाँ, मैं कहता हूँ नहीं बदला जाएगा।

रोनू ने चाकू निकाल लिया।

फिर सोनू ने भी—

पौने छह के करीब जब पुलिस की गार्ड समुद्र के किनारे-किनारे पहरा देती हुई डाँडे पहुँची तो उसे चट्टानों के पीछे दो लाशें मिलीं। रेत पर धींगामस्ती के काफी दूर तक चिन्ह थे। लहू की भूरी धारें उनके जिस्मों से निकलकर रेत में समाकर सूख गई थीं। रोनू का चाकू सोनू के दिल में घुस गया था और सोनू ने रोनू का हलक काट डाला था।

पुलिस दोनों लाशें उठवाकर थाने ले गई और दोनों झोलों का सामान और रुपया अपने कब्जे में कर लिया। केकबाद बहुत भाग्यशाली था। उसे पूरी रकम मिल गई और चोरी का सामान भी। एक लिपस्टिक तक गायब नहीं हुई थी। पुलिस इंस्पेक्टर हसन ने लाशों को फौरन पहचान लिया, क्योंकि रोनू और सोनू दोनों के फोटो थाने पर मौजूद थे। दोनों कई बार सजा काट चुके थे।

अरे! ये तो रोनू-सोनू हैं—पुलिस इंस्पेक्टर कुम्टे हैरानी से उन्हें देखने लगा।

आँ—हसन ने जेब से एक छोटी-सी डिबिया निकालकर नस्वार की एक चुटकी भरी—दोनों किसी बात पर लड़ लिए होंगे।

पर—पर—कुम्टे ने हैरत से लाशों को देखकर इंस्पेक्टर की ओर मुड़कर कहा—यह दोनों तो चचेरे भाई थे।

कागज़ की नाव

सिब्ते हसन ने बड़ी होशियारी से अपने दोनों नथनों में नस्वार भरी और बड़ी बेजारी से बोले—अरे काहे के भाई—कौन किसका बाप और कौन बेटा? आजकल जितने रिश्ते हैं सब कागज के हैं।—इतना कहकर उसने जोर से छींकें लीं।

15

लक्खी ने रंगीली से कहा—ये दस रुपये भी रख ले।

रंगीली बोली—काहे के लिए? पैसे तुम दे चुके हो।

—इसे एडवांस समझ ले। कभी मेरी जेब में पैसे नहीं होते हैं। कभी ऐसा भी हो सकता है। पर मैं ऐसा आदमी हूँ जो कभी किसी का उधार नहीं रखता, इसलिए अभी से एडवांस रख ले। पर यह भी याद रख ले मैं कभी भी तुमसे यह दस रुपये माँग सकता हूँ।

—तो माँग लेना मैं इसे अपने सूटकेस में सबसे नीचे कपड़ों में रख देती हूँ। कभी हाथ नहीं लगाऊँगी तेरे नोट को।

रंगीली ने मुझे कपड़ों के नीचे रख दिया—लक्खी के सामने। लक्खी को तसल्ली हो गई और वह चला गया और कह गया कि मैं पाँच दिन के बाद फिर आऊँगा। लक्खी के जाने के बाद रंगीली मुस्कराने लगी। जिस बाजार में वह रहती थी और जैसा उसका धन्धा था उसमें उसे हर रोज तरह-तरह के धोखेबाजों से वास्ता पड़ता था और अजीब-अजीब विचित्र-विचित्र चरित्र उसकी नजरों से गुजरते थे।

एक था झवेरी। कालबादेवी रोड पर दलाल था। शायद उसे संसार की कोई चीज पसन्द ही नहीं आती थी। दाएँ कल्ले में पान भरे बाएँ कल्ले को जरा-सा खींचकर जोर से पीक की पिचकारी मारते हुए वह संसार की हर समस्या पर अपनी राय देने के लिए बेचैन और

उत्सुक नजर आता था। वार्तालाप की उसकी सारी उपमाएँ, उच्चारण, इशारे रुपये से सम्बन्धित होते थे—यह देश रुपये में आठ आने डूब चुका था। चार आने इस वर्ष डूब जाएगा, चार आने अगले वर्ष। यह छोकरी अपने आपको क्या समझती है—बहुत सुन्दर। मेरे विचार में वह रुपये में दो आने भी सुन्दर नहीं होगी। मैं नवाँ पाटी पर तुम्हारे लिए खोली ठीक कर रहा हूँ। रुपये में चौदह आने समझो, काम हो गया तेरा। आज दो रुपये कम हैं। कल दे दूँगा, न दूँगा तो रुपये के सत्रह आने मुझसे वसूल कर लेना।

मानकलाल किसी दफ्तर में क्लर्क था और अवकाश के समय में लाइफ इंश्योरेंस का काम करता था। रंगीली उसकी बातों से बहुत उकताती थी क्योंकि हर समय संसार की नश्वरता की बातें किया करता था—दुनिया सराए-फानी है। यह जीवन पानी का बुलबुला है। यह तुम्हारा जोबन एक झूठा सपना है। पैसा हाथ का मैल है। आज आता है कल जाता है। आज चार आने कम हैं तो क्या इसलिए मुझे दरवाजे से लौटा रही हो। अरी पगली यह पैसा, यह जोबन, यह अहंकार सब धरा रह जाएगा जब लाद चलेगा बंजारा। कुछ साथ नहीं जाता है—सिर्फ दो मीठे बोल—बाकी कल दूँगा। वैसे कल क्या पल का भरोसा नहीं है।

फिर फीरोज नाम का एक लेखक था। वह सदा अपने साथ रम का एक पौआ पाकिट में छिपाकर लाता था। अपने लम्बे-लम्बे बालों में अँगुलियाँ फेरते हुए बड़े पीड़ा-भरे स्वर में कहा करता—क्यों आता हूँ मैं तुम्हारे पास, मुझे खुद नहीं पता? मैं हर बार अपने मन को रोकता हूँ—समझाता हूँ— फिर भी चला आता हूँ—क्यों? क्या मुझे तुमसे प्रेम है? नहीं। क्या मैं तुम पर दया करता हूँ? नहीं। क्या यह सेक्स है? नहीं। सेक्स तो कौड़ियों के भाव गलियों में पड़ा मिलता है। फिर मैं क्यों आता हूँ तुम्हारे पास? रंगीली बता दे यह पागलपन क्या है? शायद मैं अकेला हूँ, इस संसार के भरे बाजार में बिलकुल अकेला हूँ। कभी-कभी यह संसार मुझे एक सुनसान टापू-सा मालूम होता है और

मैं अपने अस्तित्व में बन्द दोनों हाथ फैलाए भिखारियों की तरह तुमसे दया की भीख माँगता हूँ। यह मदिरा के होठों पर भी विचलित पीड़ा कैसी है? मैं क्यों नहीं तुम्हें पाता, पाकर भी मैं तुम्हें क्यों नहीं पाता हूँ? मिलन के संगम पर बैठकर मैं अपने-आपको इतना अकेला क्यों अनुभव करता हूँ—जैसे तुमको नहीं मैंने खुद को धोखा दिया है? ऐ गमेजात, अपनी गहराइयों को और भी गहरा कर दे। रंगीली इस कमरे की बत्ती बुझा दे; मुझे इस रोशनी से बड़ा डर लगता है जो मुझे तहजीब की मक्कारी, इन्सान की धोखेबाजी और राजनीति की फितना परदाजी की याद दिलाती है। रंगीली अपनी अँधेरी बाँहें मेरे चारों ओर फैला दे। कहीं से मुझे रम का पौआ पिला दे। आज तो मेरी जेब में एक छदाम भी नहीं है।

बड़े-बड़े फ्राड जाते थे रंगीली के यहाँ। कभी तो वह टाल जाती थी, कभी झल्ला जाती थी। उनकी साफ पैंतरेबाजी को समझकर उन्हें बाहर निकाल देती। मगर बाहर निकाल देने के फौरन बाद पछताने लगती। अजब दिल पाया था रंगीली ने।

उसने अपनी आँखों में किसी आँसू को जगह नहीं दी थी। क्योंकि उसका पेशा ही ऐसा था। मगर वह आँसू जिन्हें उसकी आँखों में स्थान नहीं मिला उसके हृदय की किसी ढलान पर आकर जमा हो गए थे। उसका दिल झूठ को झूठ समझकर भी उस झूठ पर विश्वास करने को तैयार हो जाता था और मन-ही-मन पिघलने लगती थी। कई बार उसने इस सहानुभूति के कारण कई चरके खाए थे। मगर दया-भावना उसके स्वभाव की विशेषता थी। वह अपने स्वभाव से मजबूर थी। हर एक चरके के बाद स्वयं को सँभालने के लिए अपने मिजाज को बदलने की चेष्टा करती। कुछ दिनों या महीनों के लिए पत्थर दिल बन जाती, लेकिन फिर अपनी तबियत से मजबूर हो जाती...फिर कोई बड़ा चरका खाती...फिर तौबा करती।

लक्खी को भी उसने एक नए टाइप का फ्राड समझा। वह मुझे कपड़ों में रखकर भूल गई थी। पाँच दिन बाद जब फिर लक्खी आया

तो उसे मेरी याद आई। उसने यही समझा आज लक्खी अपना एडवांस वसूल करेगा। यह भी हो सकता है रुपये में चार आने उसे धोखा दे और उलटा जाते समय उससे दो-चार रुपये ऐंठकर ले जाए। वह अपने मन में हर तरह के बचाव के लिए तैयार हो चुकी थी।

मगर लक्खी ने उसे नए ढंग का चरका दिया। वह पैसे लाया था और उसने एडवांस भी वापस नहीं माँगा था। न ही रुपये उधार लिए थे। बस इतना कहा कि अब जब तक मुझे काम नहीं मिलेगा मैं नहीं आऊँगा।

रंगीली ने इसे भी कुछ देर के लिए एक चाल समझा। उसकी सहानुभूति आकर्षित करने के लिए एक तरकीब समझा। फिर भी उसे कहना पड़ा—कहाँ पर काम करते थे?

—धुरीया के गैराज में मोटर मैकेनिक था। काम छूट गया।

इस घटना के दो मास बाद तक वह नहीं आया। और रंगीली उसे भूल गई। एक दिन दोपहर को वह आ टपका। उस समय वह सो रही थी। वह उसे जगाकर कहने लगा—पिक्चर चलोगी?

काम मिल गया? रंगीली ने पूछा।

—हाँ।

—कहाँ?

—एक साइकिल मरम्मत करने वाले की दुकान पर।

—कौन-सी पिक्चर देखेंगे?

—जो तुम पसन्द करो।

—जाने-बहार देखूँगी।

—तो आओ जल्दी से तैयार हो जाओ।

वह सब समझ गई कि अब क्या होने वाला है। अकसर ग्राहक पिक्चर दिखाकर समझ लेते थे कि उन्होंने हातिम की कब्र पर लात मार दी है। पिक्चर के बदले में मुफ्त इश्क करना चाहते थे। अगर कोई उनकी बात टाल दे तो बहुत नाराज होते थे। जो बेहद सुशील होते थे वे सिनेमा के पैसे काट लेते थे। वह पिक्चर की तरकीब से भली-भाँति

परिचित थीं, किन्तु जाने बहार उसने अभी तक नहीं देखी थी। उसे पिक्चर देखने का बहुत शौक था इसलिए वह राजी हो गई थी। बस, थोड़ी-सी झिझक प्रकट की, फिर कपड़े बदलकर तैयार हो गई। लक्खी ने उसके मेकअप को देखा। उसकी रंगीन भड़कीली साड़ी को देखा। बुरा-सा मुँह बनाकर बोला—उँह, यह नहीं चलेगा।

क्या नहीं चलेगा? रंगीली ने क्रोध से पूछा।

—यह मेकअप धो डालो। यह साड़ी भी बदल डालो। कोई सफेद साड़ी पहन लो। यह कानों के लम्बे-लम्बे बाले भी उतार दो—सादा—बिलकुल सादा।

अच्छा तो यह स्टाइल है लक्खी साहब का—रंगीली दिल-ही-दिल में हँसी। कुछ लोग तवायफों को घर वाली बनाकर सिनेमा दिखाने ले जाते थे। इसमें उनको आनन्द मिलता था। मालूम हो गया लक्खी साहब क्या चीज हैं।

वह मेकअप धोकर, सफेद साड़ी पहनकर, कानों से लम्बी बालियाँ उतारकर उसके साथ जाने-बहार देखने चली गई। मगर यहाँ फिर लक्खी ने उसे चरका दिया। सिनेमा के अँधेरे में उसने उसका हाथ दबाने या मुँह चूमने की कोशिश नहीं की। कमर में हाथ तक नहीं डाला। रान नहीं मसली, चुटकी तक नहीं ली। बहुत सुशील और सभ्य आदमी की तरह उसके साथ चित्र देखता रहा।

इंटरवल पर वह उसे बाहर ले गया। अब वह उसके निकट एक गम्भीर आज्ञाकारी पति की तरह खड़ा था—क्या पियोगी?

उसने सोचा जो कुछ मैं पिऊँगी वह बाद में मेरी रकम में से तो काटने वाला ही है इसलिए उसने सर हिलाकर इनकार कर दिया।

कुछ तो पीना ही पड़ेगा—लक्खी ने आग्रह किया और उसके जवाब का इन्तजार किए बिना एक कोका कोला ले आया। गहरी भूरी बोतल के अन्दर एक सफेद रंग की हल्की-सी डंडी पड़ी थी। रंगीली उस सफेद डंडी से कोका कोला पीने लगी।

इतने में वह भुनी हुई कार्नफ्लेक का पैकेट ले आया। नायलोन

का पैकेट खोलकर वह दोनों उसमें अपनी-अपनी उँगलियाँ डालकर चुगने लगे। कभी-कभी जब उनकी उँगलियाँ एक साथ पैकेट में गड़बड़ हो जातीं तो रंगीली को बहुत अच्छा लगता था। सिनेमा के बाद वह उसे उसके बाजार ले गया। रंगीली ने सोचा, अब यह मरदूद मेरे कमरे में दाखिल होकर मेरे पलंग पर दराज हो जाएगा—मुफ्तखोर—मगर लक्खी ने उसे फिर चरका दिया। वह उसके दरवाजे तक पहुँचकर रुक गया और बोला—अब मैं जाता हूँ।

रंगीली को धक्का-सा लगा। बोली—क्यों?

—ऐसे ही।

अन्दर आओ, कुछ देर तो बैठो—रंगीली ने बनावटी मेहमान-नवाजी से कहा।

नहीं—लक्खी बोला। उसकी आवाज में अजीब-सी नम्रता और लज्जा थी।—बस इतने ही पैसे कर पाया था। नया-नया काम लगा है। फिर आऊँगा— यह कहकर वह चला गया।

रंगीली देर तक दरवाजे से लगी उसे जाते हुए देखती रही। पहले तो उसका दिल हमदर्दी से पिघला, फिर उसने अपने-आपको समझाया—यह तो बहुत फ्राड मालूम होता है। वह शाम का मेकअप करने अन्दर चली गई।

धीरे-धीरे वह लक्खी को पसन्द करने लगी। अब लक्खी तीन वर्ष से बराबर उसके यहाँ आ रहा था। जिस दिन उसके जेब में पैसे होते वह इधर बाजार आता था, किसी दूसरी जगह नहीं जाता था। कभी उसने उधार नहीं माँगा। कभी उसकी रकम बाकी नहीं रखी। कभी उसने शादी करने या घर डालने की बात नहीं की। कभी शराब पीकर नहीं आया। वह सिर्फ बीड़ी पीता था और कोई नशा नहीं करता था। उसने आज तक रंगीली से कोई रूमानी बात नहीं की थी। कभी शेरो-शायरी का वर्णन नहीं किया था। कभी ठंडी साँसें नहीं भरी थीं। इन्हीं बातों से रंगीली लक्खी को पसन्द करने लगी थी।

लक्खी बहुत-से काम जानता था, इसलिए कहीं अधिक समय तक नहीं टिकता था। लड़-झगड़कर अलग हो जाता था और फिर जल्दी ही कोई दूसरा काम खोज लेता था। उसका संसार में कोई न था। एक बूढ़ी अन्धी माँ और एक छोटी आठसाला बहन थी। माहीम की रेलवे लाइन पार करके जेवन्त मिल के पिछवाड़े में गन्दे नाले के निकट एक खुले नीचे स्थान में बहुत-से झोंपड़े थे। इन्हीं में से एक झोंपड़े में लक्खी रहता था।

कभी-कभी लक्खी महीनों तक नहीं आता था। कभी महीने में दो-चार फेरे भी कर जाता। इन तीन सालों में रंगीली को मालूम था कि लक्खी कई धन्धे बदलता रहा है। उसने मोटर गैराज में मैकेनिक के रूप में काम किया है। मोटर ड्राइवर रहा है। साइकिलों की मरम्मत की दुकान पर काम करता रहा है। अखबार बेचता रहा है। फर्नीचर वाले की दुकान पर काम करता रहा है। सिनेमा का गेट-कीपर रहा है। ठेले पर खरबूजे और आम बेचता रहा है। बस कंडक्टर रहा है। पेट्रोल पम्प पर मिस्त्री रहा है। खिलौने बनाने वाली एक छोटी-सी दुकान पर गुड़िया बनाता रहा है। उसे अपने हाथों पर बहुत नाज था। वह बहुत कम बात करता था, मगर उसकी लम्बी अँगुलियों वाले हाथ रंगीली से कुछ-न-कुछ करते रहते थे।

कुछ दिनों से वह उलझा-उलझा-सा रहने लगा था। बातें करता-करता गायब हो जाता। बातें तो वह ज्यादातर करता नहीं था, अधिकतर रंगीली की बातें सुनता रहता जो उसके आते ही चुटर-पुटर बातें आरम्भ कर देती थी। बाजार के किस्से। उसकी दूसरी सहेलियों के स्कैंडल। जीवनोपयोगी चीजों की महँगाई। फिल्मी पत्रिकाओं की अफवाहें। अभी-अभी पढ़े हुए किसी जासूसी उपन्यास का प्लाट। चार दिन पुराने पढ़े अखबार के समाचार। वह उसकी अनुपस्थिति में सबकुछ सेंत-सेंतकर रखती जाती और उसके आते ही बड़ी-बूढ़ियों की तरह चालू हो जाती और जब तक सप्ताह, दस दिन खोलकर उसके हवाले न कर देती, उसे चैन नहीं आता था। सब सुनाकर वह शान्ति

की साँस लेकर कहती—अब तुम सुनाओ।

आज वह उत्तर में कहता—क्या सुनाऊँ, सब ठीक है।

आज रंगीली ने तय कर लिया कि उससे पूछकर ही रहेगी।

—तीन-चार दिन से कहाँ हो?

—तुम्हारे पास ही बैठा हूँ।

—बैठे तो थे मगर गायब हो।

वह धीरे से मुस्कराकर चुप रहा।

चुपचाप रंगीली उसके उदासीन मुख को देखती रही। बहुत देर तक लक्खी उसके सामने सर झुकाये बैठा रहा। आखिर सर उठाकर बोला—रंगीली मेरा घर देखोगी?

—क्यों?

—ऐसे ही?

रात के ग्यारह बजे थे जब वह उसे अपने घर ले गया। माहीम और किंग सर्किल के बीच की रेल की पटरी पार करके एक नीचे गन्दे नाले के पुल को पार करके वे जेवन्त मिल के पिछवाड़े की झोंपड़ियों में पहुँचे। ज्यादातर झोंपड़ों में अन्धकार था। उसके झोंपड़े में एक लालटेन अभी तक जल रही थी।

उसने धीरे-से दरवाजा खोला। दरवाजा अन्दर से बन्द था, मगर जंजीर इतनी ढीली थी कि वह दो अँगुलियाँ भीतर डालकर जंजीर को आहिस्ता से सरकाकर खोलने में सफल हो जाता था। अन्दर था भी क्या जो चोर उसे ले जाते। एक कोने में एक खटोले पर उसकी बूढ़ी माँ सो रही थी। उसके बराबर उसकी छोटी आठसाला बहन मुँह खोले धीरे-धीरे खुर्राटे ले रही थी। एक कोने में चूल्हा था और कुछ बरतन थे। एक कोने में लकड़ी का एक बक्सा और बक्से के ऊपर चन्द मैले कपड़े और तोशक। ऊपर एक अरगनी था जिस पर मैले-मैले कपड़े झूल रहे थे।

झोंपड़े का दरवाजा धीरे-से और बेआहट खोलते ही लक्खी ने रंगीली की ओर देखकर अपने मुँह पर अँगुली रख ली थी। वह उस

समय दरवाजे पर खड़ी-खड़ी झोंपड़े के भीतर हर ओर घूर-घूरकर देख रही थी।

कुछ क्षणों के बाद लक्खी ने अपने झोंपड़े का दरवाजा हौले से बन्द किया और खामोशी से रंगीली को वापस चलने को कहा। वह उसी तरह चुपचाप वापस हो ली। झोंपड़ों से निकलकर वे गन्दे नाले के पुल पर आ गए। पुल पर चलते-चलते लक्खी ने जेवन्त टेक्सटाइल मिल की ऊँची-लम्बी चिमनी की ओर देखकर कहा—मैंने अब मिल में नौकरी कर ली है और अब मैं यह नौकरी कभी नहीं छोडूँगा, जी-जान से काम करूँगा।

रात के अँधेरे में रंगीली की आँखें सितारों की तरह चमक रही थीं। लक्खी उसे देखते हुए कुछ लज्जित स्वर में बोला—अब हौले-हौले हालत ठीक हो जाएगी रंगीली। रंगीली फिर भी कुछ नहीं बोली। पुल पार करके वे थोड़ी-सी ऊँचाई चढ़कर रेलवे लाइन पर आ गए। रंगीली सर झुकाए चल रही थी। सहसा लक्खी ने रंगीली को हाथ से पकड़कर जल्दी से घसीट लिया। उसी समय एक फास्ट लोकल जोर से भूँकती, पहिए खटखटाती बिलकुल उसके करीब से गुजर गई और उस अचानक शोर में लक्खी ने जोर से चिल्लाकर कहा—रंगीली, मुझसे शादी करोगी?

चलती हुई फास्ट लोकल का तूफानी शोर, पहिए भयानक आवाज में खटखटाते हुए और उन आवाजों की भयभीत गूँज में लक्खी की आशा भँवर में एक तिनके की तरह चक्कर खाती हुई। फिर शोर थम गया। गाड़ी चली गई। एकाएक सन्नाटा बहुत बढ़ गया। रंगीली ने कोई उत्तर नहीं दिया। वह रेल की पटरी पार करने लगी। रेल की पटरी पार करके वे दूसरी ओर चले गए जहाँ एक छोटी-सी पगडंडी नीचे की जमीन से गुजरकर माहीम स्टेशन जाने वाली सड़क से मिल जाती थी। रंगीली ने वह छोटी-सी पगडंडी भी पार कर ली। अब वह सड़क पर आ गई, फिर भी वह कुछ नहीं बोली। लक्खी अपराधी की तरह सर झुकाए उसके साथ-साथ चलता रहा। माहीम स्टेशन करीब आ रहा था।

रंगीली चलते-चलते सन केसर के एक पेड़ के नीचे रुक गई। फिर हाँफते-हाँफते वह लक्खी के कलेजे से लग गई, बोली—हाँ, करूँगी। पर तुम झूठ तो नहीं बोलते हो? इतनी बार यह झूठ मुझसे बोला गया है लक्खी कि अब मैं...मैं...अगर तुम भी...तो मैं इसे सँभाल न सकूँगी। देखो लक्खी सच कह दो। मैं तुमसे कुछ नहीं कहूँगी? पर लक्खी इतना बड़ा झूठ मुझसे मत बोलो—कह दो यह झूठ है, झूठ है ना?—रंगीली हौले-हौले बिलखने लगी।

वह आज तक कभी लक्खी या किसी गाहक के सामने नहीं रोई थी, पर अब आँसू थे कि खत्म होने में ही नहीं आते थे। लक्खी ने कोई जवाब नहीं दिया। अपने कँपकँपाते हाथों से उसे अपने सीने से लगाए खड़ा रहा। वे दोनों शायद ऐसी खुशी से काँप रहे थे, जो इस दुनिया में हर किसी पर सिर्फ एक बार आती है।

सहसा रंगीली और लक्खी को एहसास हुआ कि दूर ऊपर सन केसर की डालियों पर खिले हुए फूल उनके बहुत निकट आ गए हैं। वे उस पेड़ के तने से टेक लगाए रात की ओस में भीगी घास पर बैठकर अपने आने वाले जीवन की रूपरेखा खींचने लगे। रंगीली के लिए दुलहन का एक जोड़ा, एक सादा जोड़ा, चूड़ियाँ, सिन्दूर की डिबिया—खाने के लिए कुछ बरतन—लक्खी के लिए एक नया जोड़ा, आदि-आदि।

हिसाब करके लक्खी ने बताया—कुछ रुपया मैं कर्ज ले लूँगा, बाकी पगार में काम चल जाएगा। आज तीन तारीख है। पाँच को पगार मिलेगी। पगार वसूल करके मैं पूना जाऊँगा। वहाँ मेरा एक दोस्त रहता है। उससे बाकी रुपये कर्ज ले लूँगा। वापस आते ही तुम्हें यहाँ से ले चलूँगा। झोंपड़ों में शादी होगी।

—माँ से क्या कहोगे?

—वह बेचारी अन्धी है। उसे अधिक बताने की जरूरत नहीं है। इतना ही मैंने उससे कह दिया है कि मैंने अपनी पसन्द की एक शरीफ लड़की ढूँढ़ ली है।

रंगीली सर झुकाए देर तक चुप रही। आखिर लक्खी ने कहा–पाँच की शाम या छह की सुबह मैं पूना जाऊँगा। वहाँ से सात को लौटूँगा या आठ को। अब मैं तुम्हारे पास सात की रात को या आठ की सुबह को या नौ को किसी समय आऊँगा और सब तैयारी करके आऊँगा। तुम्हें यहाँ से ले चलूँगा। रंगीली फिर भी कुछ नहीं बोली। लक्खी ने उठते हुए कहा–अब चलो।

16

वादे तो बहुत-से लोगों ने किए थे। लगभग हर ग्राहक शराब की मस्ती में उसके यौवन और सुशीलता पर तरस खाकर उसे घर में डाल लेने या शादी करने का वादा किया करता था और फिर भूल जाता था। यह तो नित-दिन की बात थी और रंगीली इन वादों की वास्तविकता से भली-भाँति परिचित थी। इन बातों पर अब वह बिलकुल भरोसा नहीं करती थी।

लेकिन जाने क्यों उसे लक्खी की बातों पर एतबार आ गया था। उसके दिल ने गवाही दी थी। न सिर्फ उसने खुद विश्वास कर लिया था, बल्कि अपनी तीन हमराज सहेलियों—बानो, लतीफा और दुलारी को भी बता दिया था। उन तीनों सहेलियों ने उसे गले लगा लिया था। दुलारी तो रोई भी थी और उन सबने एक-दूसरे के हाथ-पर-हाथ रखकर कसम खाई थी कि वह बाजार में किसी पर यह भेद नहीं खोलेंगी।

छह तारीख गुजर गई, सात तारीख गुजर गई, आठ तारीख गुजर गई। रंगीली दिन-रात-दोपहर हर समय लक्खी की बाट देखती। तीन दिन से उसने मेकअप नहीं किया था। हर ग्राहक को दरवाजे से लौटा दिया था। तीन दिन से वह सीधी माँग निकाले, सफेद साड़ी पहने अपने पलंग पर लेटी कोई फिल्मी पत्रिका पढ़ती रही। कान दरवाजे पर किसी

की आहट का इन्तजार करते। प्रायः वह द्वार खोलकर चौखट पर खड़ी हो जाती और लक्खी की राह देखती। लक्खी जिसने उससे शादी का वादा किया था। उसे इस नर्क से निकलने का मार्ग दिखाया था।

लेकिन अब आठ तारीख भी गुजर गई और नौ तारीख की सुबह भी बीत गई तो रंगीली का दिल टूटने लगा। लक्खी भी झूठा निकला, दूसरों की तरह निकला–स्वार्थी, धोखेबाज, दुष्ट। मगर आखिर उसे ऐसा लम्बा झाँसा देने की क्या जरूरत थी? उसने तो कभी लक्खी से कुछ ज्यादा नहीं माँगा था। किसी झूठ, किसी दिलफरेब धोखे की इच्छा नहीं की थी। फिर लक्खी ने ऐसा क्यों किया?

पिछले तीन दिनों से उसकी घनिष्ठ सहेलियाँ उसके पास आती थीं और सहानुभूति के स्वर में उससे पूछती थीं–लक्खी नहीं आया?

–नहीं आया।

लेकिन जब चौथे दिन की दोपहर भी बीत गई, तो उनका हमदर्दाना बर्ताव व्यंग्य में बदल गया–बड़ी मूर्ख है तू जो इन मर्दों पर एतबार कर बैठी।

–अरी यह मर्द सब एक ही तरह के होते हैं।

–शादी करेगा एक बाजारी औरत से!

तुझसे? तलीफा हँस पड़ी–उसे क्या पड़ी है। ऐसा गधा है क्या?

बानो, लतीफा, दुलारी तीनों जोर से हँस रही थीं। रंगीली की आँखों में आँसू आ चले थे। बड़ी मुश्किल से उसने अपनी भावनाओं को बस में किया और उन तीनों को बाहर निकालकर अन्दर से दरवाजा बन्द कर दिया। फिर पलंग पर औंधी पड़कर सिसकने लगी।

कुछ देर बाद दरवाजे पर दस्तक हुई। जानी-पहचानी दस्तक थी। रंगीली का मुख खुशी से प्रकाशित हो उठा। पलंग से उठकर भागी-भागी दरवाजे की ओर गई। जल्दी से दरवाजे के पट खोल दिए।

बाहर जीवन खड़ा था। मारे प्रसन्नता के खीसें बाहर निकली पड़ती थीं–एक ग्राहक बीस रुपये देता है, ले आऊँ?

रंगीली क्रोध से भड़क गई–कह जो दिया मुझे कोई ग्राहक-वाहक

नहीं चाहिए। दफा हो जाओ यहाँ से।

जीवन बड़ी गम्भीरता से अपनी अँगुलियाँ चटखाते हुए बोला—अरे किसका इन्तजार करती हो रंगीली—हमसे लिखवा लो—वह नहीं आएगा—नहीं आएगा—चाहो तो अस्टाम्प पे लिखवा लो।

रंगीली धक् से रह गई। तो इसका अर्थ है बाजार में भी यह खबर पहुँच गई है। उसकी सहेलियों ने सबको बता दिया था। दुख और क्रोध से काँपते हुए रंगीली ने दरवाजा अन्दर से बन्द कर लिया। न जाने कब तक वह अपने पलंग पर बेसुध पड़ी रही। लगता था आज उसका दम निकल जाएगा। कुछ ही समय बाद उसे बाहर बाजार में एक शोर सुनाई दिया। बहुत-से आदमियों के एक साथ बातें करने का बढ़ता हुआ शोर और इस शोर पर शाम का अखबार बेचने वालों की ऊँची आवाज।

माटुंगा के निकट दो गाड़ियों की दुर्घटना—साठ आदमी मर गए, दो सौ आदमी जख्मी—रंगीली नंगे पैर अपने घर को खुला छोड़कर दौड़ती हुई बाजार में चली गई और अखबार वाले से एक अखबार छीनकर पढ़ने लगी।

वह माटुंगा गई, उस स्थान पर जहाँ दुर्घटना हुई थी—जहाँ से अभी तक लाशें और जख्मी लोग उठाकर ले जाए जा रहे थे। वह एक-एक डिब्बे को छानती फिरी। हर स्ट्रेचर को उसने ध्यान से देखा। उसका लक्खी उनमें नहीं था। फिर वह अस्पताओं में उसे ढूँढ़ती फिरी। वहाँ भी लक्खी नाम का कोई जख्मी नहीं था। रात को वह मोर्ग पहुँच गई।

पंक्तियों में लाशें रखी थीं और देखने वाले क्यू लगाकर अपने प्यारों को देखने आ रहे थे। झुक-झुककर पहचानने की कोशिश कर रहे थे। मरने वालों की आँखें खुली थीं, मगर वे पहचान नहीं कर सकते थे, वे आवाज भी नहीं दे सकते थे—किसकी तलाश में हो—इधर आओ देखो मैं यहाँ लेटा हूँ।

एक शव को देखकर रंगीली ठिठकी। झुकी, फिर उस लाश से

लगकर फूट-फूटकर रोने लगी—मोर्ग का एक आदमी उसके सिर पर आ खड़ा हो गया।

—क्या तुम इस लाश को पहचानती हो?

—नहीं।

—क्या तुम इसकी पत्नी हो?

—नहीं।

—बहन हो?

—नहीं।

—फिर कौन हो?

मैं तो कोई भी नहीं हूँ इसकी, कोई भी नहीं हूँ इसकी।—रंगीली की चीखें निकल गईं।

वह शव से लिपट-लिपटकर रो रही थी। मोर्ग का आदमी चला गया। जब वापिस आया तो उसके हाथ में एक पैकेट था। पैकेट में एक साड़ी झाँक रही थी—दुलहन की साड़ी। वह आदमी बड़े ठंडे स्वर में बोला—एक पैकेट और भी है, कुछ रकम भी निकली है। तुम अगर इसके घर वालों का पता हमें दे दो तो हम अभी सूचना दे देंगे। रंगीली आँसू पोंछकर पता लिखवाने लगी।

रात को उनके बाजार में बड़ी चहल-पहल थी। बिजली के कुमकुमे, शराबियों के चहचहे, पायल की खनक, गीत की सरगम—

जुल्मी पिया कित देस गयो—जुल्मी पिया—

रात-भर वह अपने कमरे में प्रकाश किए बिना अपनी सूखी आँखों से टकटकी बाँधे देखती रही। उसकी सखियाँ उससे सहानुभूति करने आतीं, मगर उसने किसी को अपने कमरे में नहीं आने दिया। रात-भर वह अपने पलंग पर बैठी टाँगें नीचे लटकाए अँधेरे में देखती रही और कुछ सोचती रही।

सुबह चार बजे के करीब अभी काफी अँधेरा था। रौनक छँट गई थी और बाजार के शोर को भी नींद-सी आ गई थी। वह अपने पलंग से उठी। उसने अपने सूटकेस में कुछ कपड़े डाले और बाकी सारे

सामान को इसी तरह छोड़ कमरे को खुला छोड़कर तेज-तेज कदमों से बाजार से निकल गई।

सुबह-सवेरे जब हल्क-हल्की पौ फट रही थी उसने लक्खी के झोंपड़े पर जाकर दस्तक दी। भीतर से किसी ने कराहकर पूछा—कौन है?

—मैं हूँ—दरवाजा खोलो।

लक्खी की आठसाला बहन ने दरवाजा खोला—रो-रोकर उसकी आँखें सूज़ी हुई थीं। अन्धी माँ बिस्तर पर निढाल बैठी थी।

रंगीली सीधी अन्दर चली गई। उसने लक्खी की आठसाला बहन की चकित आँखों की ओर ध्यान नहीं दिया। वह सीधी लक्खी की माँ की खाट के निकट पहुँच गई। अपना सूटकेस नीचे जमीन पर रखकर उसने माँ के पैर छुए।

तुम कौन हो—माँ आश्चर्यपूर्ण स्वर में काँपते हुए बोली।

रंगीली ने कहा—मैं—मैं लक्खी की पत्नी हूँ। कुछ महीने पहले उसने मुझसे खुफिया विवाह कर लिया था। मगर आपको नहीं बताया था। लक्खी की माँ रोकर बोली—हाय लक्खू ने मुझे कुछ बताया था तो—कि—उसने कोई लड़की पसन्द कर ली है।

मेरी शादी हो चुकी है लक्खी से—रंगीली ने बड़े मजबूत लहजे में कहा—और अब मैं अपने घर आ गई हूँ। आज से मैं यही रहूँगी और मेहनत-मजदूरी करके अपना भी पेट पालूँगी और अपनी सास का भी और ननद का भी। अपनी बहू को आशीर्वाद दो माँ।

लक्खी की माँ कुछ देर चुप रही। अपनी अन्धी आँखों से जैसे शून्य में कुछ ढूँढ़ती रही। फिर काँपते हाथों से रंगीली का चेहरा टटोलने लगी—होंठ—नाक—कान—कपोल। कपोलों पर बहते हुए आँसुओं से उस काँपती बूढ़ी की अँगुलियाँ भीग गईं। माँ ने दोनों हाथ फैलाकर रंगीली को अपने कलेजे से लगा लिया। रंगीली ने दूसरे हाथ से रोती हुई बहन को लिपटा लिया। कुछ देर बाद अपने आँसू पोंछकर कहा—माँ, मैं तुम्हारे लिए चाय बनाकर लाती हूँ।

वह दूसरे कमरे में चली गई। लक्खी की छोटी बहन खाली हाथ लटकाए हुए उसके पीछे-पीछे चली आ रही थी। रंगीली ने चूल्हा ठीक किया। बर्तन करीने से लगाए। चाय की पत्ती को ढूँढ़ा। चाय की पत्ती नहीं थी। शक्कर नहीं थी। दूध नहीं था। घर में कुछ नहीं था। चकित होकर उसने लक्खी की बहन की ओर देखा—उसने धीरे से अपना सिर झुका लिया।

मगर मेरे पास तो एक पैसा भी नहीं है—रंगीली ने सोचा और माँ से माँगना उसे अच्छा नहीं लगा—फिर अब वह क्या करे? अकस्मात् उसे याद आया—लक्खी ने एक बार उसे दस रुपये का नोट एडवांस में दिया था और दस का नोट उसके सूटकेस में कपड़ों के नीचे पड़ा था।

जल्दी से सूटकेस खोलकर रंगीली ने 'मुझे' निकाला और चोली में डालकर बहन से बोली—मैं अभी आती हूँ। वह दरवाजा आहिस्ता से बन्द करके बाहर निकल गई।

झोंपड़े से गुजरकर वह गन्दे नाले के पुल पर पहुँची। उसे लक्खी के कदम याद आए और गन्दी घायल जिन्दगी की बू उसके नथनों में आने लगी। वह जल्दी-जल्दी पुल पार करके रेल की लाइन पार करने लगी।

रेल की पटरी पार करके वह सड़क पर चलती गई। सन केसर के वृक्ष के निकट जाकर आप-ही-आप उसके कदम रुक गए। उसके तने से लगकर उसने अपनी आँखें बन्द कर लीं। ठीक उसी क्षण उसे ऐसा लगा—बस एक क्षण के लिए—जैसे वह दुलहन का लाल-लाल जोड़ा पहने सन केसर के फूलों से महकी खड़ी है, लक्खी उसके पास आ गया है और उसकी कमर में हाथ डालकर सरगोशी की सी मीठी आवाज में उससे प्रेम की बातें कर रहा है...

काएँ—! काएँ!—एक कौआ सन केसर की डाल से चिल्ला पड़ा। घबराकर रंगीली ने आँखें खोल दीं।—वह क्षण चला गया था, दुनिया अपनी जगह पर वापस आ गई थी, सन केसर के फूल बहुत दूर ऊपर

चले गए थे। सबकुछ उसी तरह था—भयानक, डरावना, मुश्किल, सख्त दिल, मगर वह बदल गई थी।

उसने अपनी साड़ी के पल्लू को कसकर बड़ी सख्ती से अपनी कमर के चारों ओर बाँधा। जीभ निकालकर कौए को मुँह चिढ़ा दिया और दस के नोट को लेकर बनिए की दुकान से सौदा खरीदने चली गई।

उपसंहार

कभी-कभी मैं सोचता हूँ उन लोगों के बारे में जिनके हाथ से मेरा लेन-देन होता है और मैं सोचता हूँ कि जब वे मुझे किसी दूसरे को देते हैं तो क्या देते हैं? जब लेते हैं तो क्या लेते हैं?—खुशी का एक वादा, मोहब्बत का कोई धोखा, कि मजबूर मेहनत का एक पल?—हर बार मैं ताश के पत्तों की तरह जिन्दगी के जुएखाने में फेंका जाता हूँ, एक आवारा कुत्ते की तरह समाज की सड़कों पर सैकड़ों बिखरी हुई जिन्दगियों के कूड़े-कर्कट को सूँघता हुआ चला जाता हूँ। फायदे और नुकसान के काउंटर पर अनगिनत इच्छाओं का भुगतान करता हूँ। एक दुमदार तारे की तरह विभिन्न वर्गों की तहों को चीरता हुआ गुजर जाता हूँ और जिधर से गुजरता हूँ मेरे स्पर्श से समाज के नाते और उनकी काली कड़ियाँ रोशन होती जाती हैं।

बड़े विचित्र हैं ये लोग—पहले तो खुद ही मेरा निर्माण करते हैं, फिर हाथ जोड़कर मुझे पूजने लगते हैं और भगवान मान लेते हैं और भगवान् की तरह अपनी हर इच्छा की पूर्ति मुझसे चाहते हैं। वे अपने जीवन का पूरा बोझ मुझ पर डाल देते हैं और जानते हैं कि मैं तो कागज की एक नाव हूँ जो जिन्दगी की लहरों से खेल तो सकती है, किसी को पार नहीं लगा सकती। अपनी अभिलाषाओं की अन्धी खोज में उन्होंने कागज के एक पुर्जे को अपनी छाती से लगा लिया है और भूल गए हैं कि न तो मैं मानव की मेहनत हूँ, न प्रेमिका का प्रेम, न

ज्ञान का मोती, मैं तो केवल एक कागजी आवरण हूँ। इस पर भी वे मुझे तिजोरियों में बन्द करते हैं, बैंकों में रखते हैं, खुफिया तालों के अन्दर छिपाते हैं और सोचते हैं कि मेरे द्वारा सबकुछ खरीद सकते हैं। हालाँकि जब कभी मैंने किसी स्वाभिमानी, अपने परिश्रम के नशे में उन्मत्त, किसी इन्सान को अपने मुकाबिल पाया है, अपने-आपको अपनी अपार शक्ति के बावजूद एक कागजी पुर्जे की तरह तुच्छ और निकृष्ट पाया है, पर ऐसे क्षण मेरे जीवन में बहुत कम आते हैं।

शायद मैं इसीलिए अपने बारे में इतना सोचता हूँ। शायद एक करेंसी नोट को भी अपने जीवन का अर्थ मालूम करने का अधिकार है।—क्या हूँ मैं? कागज का एक पुर्जा, सरकार का हुक्मनामा, कीमत का पैमाना, कि इन्सान की इच्छाओं का आईना? मैं दुख भी और दर्द भी, आनन्द भी और उल्लास भी, देवताओं के चरण भी, शैतान की हँसी भी, मैं फूलों की महक, प्रेमिका की मुस्कान, परिश्रम की पीड़ा, अनादर का पहला आँसू? सदा भटकता रहता हूँ इधर से उधर।

हर रोज सैकड़ों हाथ मुझे घबराकर पकड़ लेते हैं और कभी छोड़ने पर तैयार नहीं होते हैं। लगता है जैसे सारी सभ्यता लूली और लँगड़ी है और करेंसी नोटों की बैसाखी पर चल रही है।

कभी-कभी मुझे अपने-आपसे बड़ा डर लगता है, जब वे मुझमें झाँकते हैं और अपने जीवन का मतलब मुझसे पूछते हैं। हालाँकि उन्होंने ही मेरा आकार तय किया है, मेरी कीमत तय की है। मुझ पर मोहर लगाई है और उस पर एक वादा अंकित किया है, और उसे एक सलीब की तरह समाज के गले में टाँग दिया है। और गोकि मेरा रंग-रूप, चेहरा-मोहरा, नाक-नक्श, कद-कीमत सब तय हैं फिर भी वे मुझे देखते ही यह सबकुछ भूल जाते हैं। वे भूल जाते हैं तमाम नियम जो पुरानी बाइबिल के कड़े आदेशों की तरह उन्होंने खुद ही मेरे माथे पर लिख दिए हैं और फिर भी तलाश करते हैं अपने जीवन के तमाम सपनों को कागज की छोटी-सी सीमा में, अपनी छोटी-बड़ी अभिलाषाओं

के अनुसार वे कभी मेरी कीमत को घटाते हैं कभी बढ़ाते हैं और एक मजहबी किताब की तरह मुझमें से अपने मतलब से मानी निकालने की हर कोशिश करते रहते हैं।

शायद मैं कागज का एक पुर्जा नहीं हूँ। मैं इस युग का सबसे महान् ग्रन्थ हूँ।

●●●